正道

冯唐讲透《道德经》成事智慧

冯唐 著

湖南文艺出版社 HUNAN LITERATURE AND ART PUBLISHING HOUSE 博集天卷 CS-BOOKY

·长沙·

图书在版编目（CIP）数据

正道 / 冯唐著. -- 长沙 : 湖南文艺出版社, 2025.
4（2025.8重印）. -- ISBN 978-7-5726-2309-7

Ⅰ. B223.15

中国国家版本馆CIP数据核字第20257GZ349号

上架建议：畅销 · 经管

ZHENGDAO
正道

著　　者：冯　唐
出 版 人：陈新文
责任编辑：张子霏
监　　制：张微微
策划编辑：阿　梨
特约编辑：张　雪
营销编辑：罗　洋　　宋静雯　　王　睿
书籍设计：苏　艾
出　　版：湖南文艺出版社
（长沙市雨花区东二环一段 508 号　邮编：410014）
网　　址：www.hnwy.net
印　　刷：三河市兴博印务有限公司
经　　销：新华书店
开　　本：875 mm×1230 mm　1/32
字　　数：256千字
印　　张：11.5
版　　次：2025 年 4 月第 1 版
印　　次：2025 年 8 月第 2 次印刷
书　　号：ISBN 978-7-5726-2309-7
定　　价：72.00 元

若有质量问题，请致电质量监督电话：010-59096394
团购电话：010-59320018

没有一个时代比今天更适合读《道德经》

没有一个时代比今天更适合读《道德经》。《道德经》是一部很实用的书，能帮我们做好管理，过好职场生涯；也能帮我们处理好职场外的个人生活。虽说先秦的古文，不太好理解，有很多模糊的含义和多解的可能，但好在《道德经》本身只有五千字。

《道德经》多解，但是只要讲通就好。我把它放到现代的环境里，沿着管理，沿着职场，沿着个人和家庭生活，把它讲通。因为我认为，读《道德经》不是只为了读《道德经》，而是要对现代人的生活、工作有用。就像爬一座山，我不管走哪条路、采取哪一种解释，只要爬到山顶就好。是不是要穷尽所有的路？不一定。是不是错？只要这条路能带我们爬到山顶，只要能为我们所用、为今所用就不是错。

《道德经》的五千字不长，我自用的是中华书局版本，并完整收录到这本书里。《道德经》金句众多，我摘出最有效、最好玩、最实用的来讲，适合普通人学和用。

冯唐讲《道德经》，有三个关键词——“祛魅”“实用”“成事”。

祛魅：被误读千年的《道德经》

《道德经》著成于战国时期，只有五千字，但微言大义、包罗万象，被称为“万经之王”。

1. 传说中的老子究竟是什么人

关于《道德经》的作者——老子 / 老聃是谁，历朝历代众说纷纭，没有定论。流传最广的，最被公认的说法来自司马迁的《史记》。

老子是历史学家，周朝王室图书馆的管理员，在周王畿住了大半辈子，不忍心看到周王室一天天衰落下去。他一身学问，一脑子想法，但是无论他怎么想、怎么说，都没有用，于是他伤心了、失望了、落寞了，一路向西，走到了函谷关这个地方。

函谷关有一位官吏叫尹喜，他对老子说：“您这么有智慧的人，现在要隐居避世而去，这对地球是个损失，对人民是个损失，对我也是个损失，请您一定要留下一部著作。”于是老子一挥而就，写下了五千字《道德经》。自此，老子这个人就从人们的视野里消失了。

2.《道德经》的本来面目

《道德经》在成书之后的漫长时间里，被严重误读了。《道德经》到底是一部什么样的书？如果大家从自己的第一印象来说，有人会说，这是一部养生书；有人会说，是哲学书；有人会说，是科普书；有人会说，是讲修炼的书；有人会说，是一部含义模糊的、让人云里雾里的书……

《道德经》包罗万象，如果说它涉及上面这些方面，我是同意的。但是《道德经》的核心，一言以蔽之，它讲的是帝王术，讲的是管理术。

古代的帝王是如何评价《道德经》的？

唐玄宗李隆基说："其要在乎理身、理国。"（唐·杜光庭《道德真经广圣义》）从个人到组织，从个人到国家，从皇帝（修身）到皇帝治国。

宋太宗赵光义说："伯阳五千言，读之甚有益，治身治国，并在其内。"（宋·李攸《宋朝事实·卷三》）其实赵光义的说法跟李隆基的没有本质差别。

明太祖朱元璋说："朕虽菲才，惟知斯经乃万物之至根，王者之上师，臣民之极宝。"（明·朱元璋《大明太祖高皇帝御注道德真经》）

这跟老子的职业背景相关。老子作为周朝王室的史官，服务对象只有一个人，就是当时的"霸道总裁"，就是君王。史官需要做的只有一件事，就是用历史、用过往教导君王怎么治理天下。像"文景之治""贞观之治"，我心目中古代最好的这两段时间，都深刻地被老子的思想所影响。

实用：《道德经》帮助我们过上更好的一生

《道德经》的第二个核心词，是"实用"。在这个时代它能帮我们的太多了，我讲九点，九，至阳之数。

1. 逆境化顺境

第一，应对逆境。现在经济增长速度放缓，很多人感觉没有以前那么顺了，是因为看不懂、想不通“祸兮福之所倚，福兮祸之所伏”这个浅显的道理。明白了《道德经》的核心理念“福祸相依”，你就能在福祸面前足够淡定，从逆境心态中超脱出来，甚至转逆为顺！

2. 用正确的姿势“躺平”

第二，老子教你“躺平”的正确姿势。“以正治国，以奇用兵，以无事取天下”，无事并不是为了无所求，而是为了取天下。“躺平”就是“以无事取天下”。

老子是最会“躺平”的人，他不争不抢，却暗暗地存着“取天下”的志向，以及进退之道、进退之德。

3. 持续成事的秘诀

“千里之行，始于足下”这句经典名言就出自《道德经》。现代人选择太多，却似乎很难坚持什么。但是对我们终身有益的好习惯，比如读书、健身等，都是非常必要的。

我平心而论，自己没有半途而废的时候。冯唐做事情，为什么不会半途而废？不是因为我生而与众不同，而是因为我掌握了长期坚持做一件事的方法，具体是什么，我在解读“千里之行，始于足下”这篇的时候细说。

4. 在社会竞争中自处

人甚至早在娘胎里的时候，就面临着竞争。进入社会后，我们如何为自己竞争？为求什么而竞争？

“上善若水，水善利万物而不争”，“以其不争，故天下莫能与之争”。我会以将老子的智慧与现代战略管理智慧相结合的方式，告诉你什么才是最正确的竞争方式，以及何时进，何时退，如何进，如何退。

5. 解决年龄焦虑

随着科技的进步，人活得越来越长，但是年龄焦虑也来得越来越早。

职场里，大家或多或少都有年龄焦虑。年轻人，可能因为年轻而得不到机会；年岁大点的，是因为“卷”不过年轻人而在深夜里默默流泪。如果年轻，你可以说，我还有机会；而你年岁已经大了，可能就再没机会了。

“天长地久。天地所以能长且久者，以其不自生，故能长生。”我会用老子的智慧，给出不同年龄段的人在职场上找到自己位置的恰当方法。

6. 解决上下级沟通难题

用人和被人用是管理的两大议题。无论你是个 leader——领导者，还是个 follower——跟随者，都有一些注意事项。“故善人者，不善人之师；不善人者，善人之资。”

我常听身边做管理的朋友抱怨："现在的年轻人太孩子气了！"也常常听到年轻的小伙伴抱怨："我领导'爹味儿'太重了！"在家里父慈子孝是件好事，出门在外，"父"不慈"子"不孝是怎么回事呢？对于这个问题，老子在两千多年前就给出了答案。

7. 屏蔽外部信息，打败内耗

"多言数穷，不如守中。"

冯唐虽然很能讲，对着镜头可以输出不止，但这只是我"营业"的时候；私下里我是一个钢铁 I 人，introverted，非常内向的人。在读《道德经》的过程中，我能感受到老子和我是一样的。现在因为科技过于发达，无论是南美洲的蝴蝶放了一个屁，还是得克萨斯的龙卷风放了一个屁，你都能随时听到、闻到，甚至还会卷入相关的议论之中。这些都有可能浪费我们的时间心力，引起内耗。在信息大爆炸的今天，我和老子强烈建议大家做个相对内向的人。

8. 做个更接近道的生物

"谷神不死，是谓玄牝"，老子是古今中外对女性最好的思想家。老子凭借他的智慧，在有足够的基因学、生物学基础之前，就超越了历史的局限性，打败了时间。

我一直认为，女性是比男性更接近于道的生物。从管理角度，在男性、女性两种管理风格中，我更喜欢女性风格；我也希望我自己的管理风格，越来越偏向女性管理风格。

9. 跳出消费主义的陷阱

人不能被物所驱动，有钱花在刀刃上。“五色令人目盲，五音令人耳聋，五味令人口爽。”老子从帝王将相奢靡的物质生活中，看到了消费主义、享乐主义的陷阱，他懂得站在“韭菜”的角度保护“韭菜”；从来不乱花钱的冯唐，也会借此分享持续省钱的秘诀。花钱不是错，不会花钱是错；省钱是对的，一直省钱一直对。

成事：系统地修行成事之道、成事之德

我这两年持续不断地解读《资治通鉴》，把《资治通鉴》当成商业案例库；对于成事之道、成事之德，我会通过《道德经》来做一次系统的总结、归纳、提炼。

《正道》是成事学关键组成部分，由此我会开启“从东方典籍看管理”这样的系列。我想，如果我能很好地、有效地让东方管理智慧和西方管理智慧交相辉映，对现代人的生活、工作，会起到很好的帮助。

目·录

智慧篇

组织篇

领导篇

安身篇

道

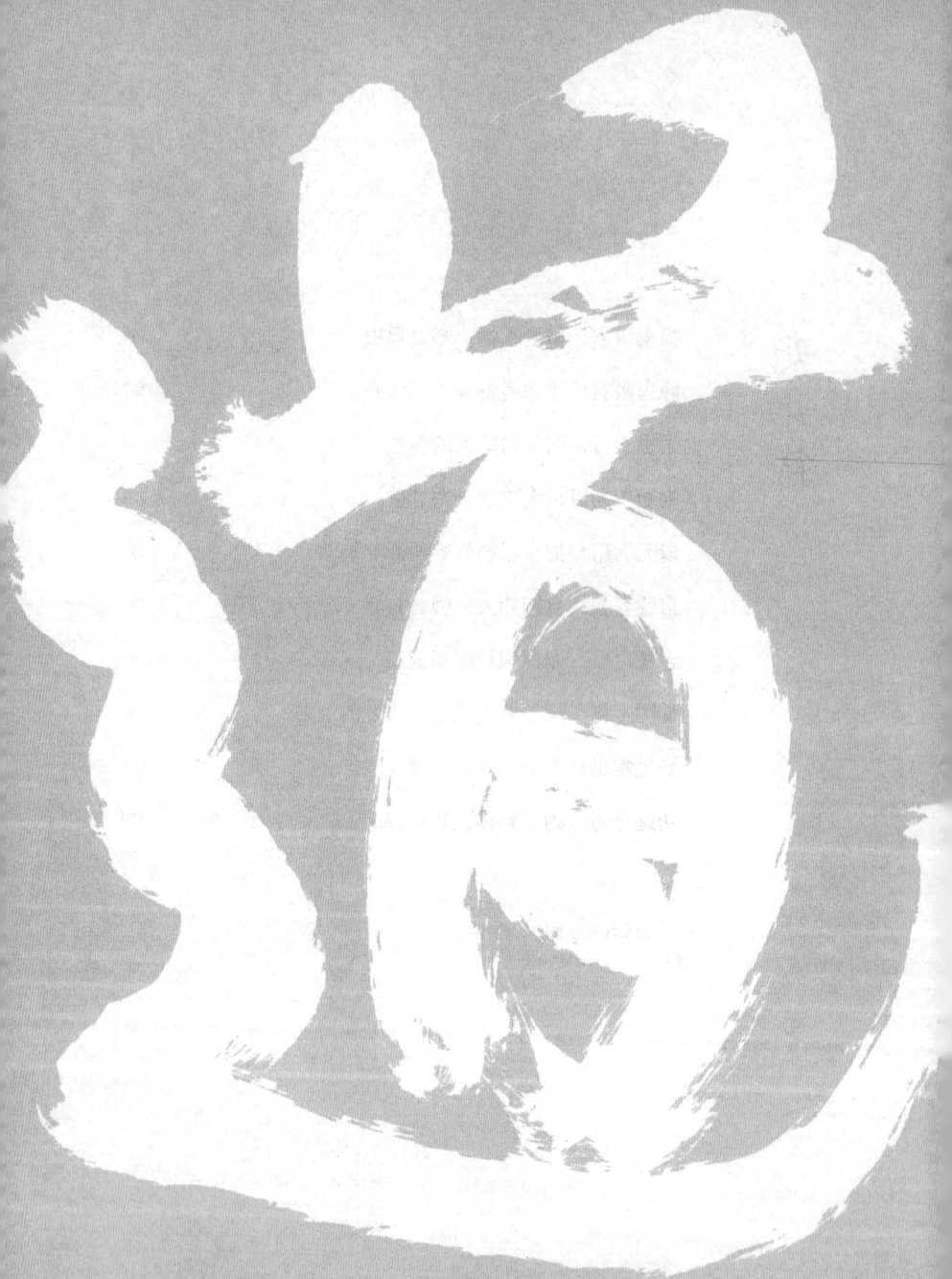

智慧篇

道可道，非常道

弱者，道之用

道法自然

飘风不终朝，骤雨不终日

反者，道之动

致虚极，守静笃

见小曰明，守柔曰强

和其光，同其尘

知者不言，言者不知

无为而无不为

道可道，非常道：
道和成事一样，不是说说而已

『道可道，非常道』，
道和成事一样，难以言明，
但道就在那里，只是你还没有摸到。

第一章

道可道，非常道；名可名，非常名。

无名，天地之始；有名，万物之母。

故常无欲，以观其妙；常有欲，以观其徼。

此两者同出而异名，同谓之玄。玄之又玄，众妙之门。

“道”是可以说的，但说出口的“道”，不是不变的“道”；“名”也是可以表述的，但表述出来的“名”，也不是不变的“名”。

天地最初是没有名字的；万物生长，有了区分万物的需要，于是有了名字。

所以，我们要经常站在“无欲”的角度，体会天地之道的微妙；经常站在“有欲”的角度，观察世间万象的边界。

这两个方面（天地之道的微妙、世间万象的边界）都来自我们的体验，表现出不同的形式，用一个词归纳，就是“玄”。从一个“玄”到又一个“玄”，可以开启众多奇妙的门。

第七十章

吾言甚易知，甚易行；天下莫能知，莫能行。

言有宗，事有君。夫唯无知，是以不我知。知我者希，则我者贵。是以圣人被褐怀玉。

我的话很容易理解，也很容易践行，但天下的人竟然都不理解，不去践行。

我的话有核心主题，我做的事有远大目标，天下的人缺少理解力，所以不理解我。理解我的人越少，我的思想就越宝贵，这就好像是以前的圣人身穿布衣，怀揣美玉啊！

这一课先讲什么是道。翻开《道德经》第一页，第一句是“道可道，非常道”。最初，我读这段的时候，我觉得老子在忽悠。可在我经历了二十岁，三十岁，四十岁，到了五十岁知天命的时候，我发现老子尽力了，他没在忽悠，他要讲的东西太难讲，他尽了全力也只能这么讲。

英文有个短语“beat around the bush”，意思是说话拐弯抹角，兜圈子。讲“道”也是这样，每次说都是错，但是每次说都能揭示“道”到底是什么。每次说的都是拐棍，都不是“道”本身。

一、“道”是方法，是规律，是道路

道，是“包括人在内的万物，想要达到自己的目的，必须遵循的某一规律、原则”。

道是方法，是规律，是道路。方法、规律、道路，存在，但是不好描述。

“道”是可以说的，但用语言描绘出来的“道”，不是恒常不变的“道”。你让没吃过柿子的人描述柿子的味道，让没有体会过爱情的人描述爱情，都是困难的，何况要描述“道”。语言是有缺陷的，“道”是难以言明的。我以三个故事为例。

第一个故事：迦叶尊者拈花一笑

《五灯会元》记载，佛陀成佛之后，他对大家说，他明白的事很难跟大家讲。在这个前提下，佛陀还是讲了几天几夜。佛陀问周围的人，听明白了吗？不同的人从不同的角度，把佛陀的话重复了一遍。只有迦叶尊者拿起一朵花，一闻这朵花，微微一笑。

迦叶尊者说了什么吗？他说了，但他用的不是语言。他是不是真明白？我们不能百分百确定。我想，大概率他明白的跟佛陀想的不完全一致。

“道”说不清楚，但是我们可以试图去表达，试图去接受，试图去传授。

第二个故事：文益禅师不说佛法

这也是禅宗公案，语出《文益禅师语录》。

“问：‘如何是第一义？’”

什么是佛法最关键的事？佛法到底是什么？

“师云：‘我向尔道，是第二义。’”

什么是第一义？什么是佛法最核心的真理？由我跟你说，就一定是第二义了，这是二手。我说的，和我真的体会到的佛法，以及所谓真正的佛法，它都不一样。

我体会到的佛法，不一定是宇宙间真的佛法；我说出来的，不完全是我体会到的；而你从我说的言语中体会到的，可能更不是我想要表达的；那跟我试图表达的佛法，可能又差了更远。

第三个故事：齐桓公与匠人轮扁

我先远离一阵佛法，讲讲管理之道。

齐桓公有一天在书房苦读圣贤治国之书。院子里有个匠人，正在做车轮。匠人好奇地问齐桓公："君主啊您在干什么？"

齐桓公说："我在看古代圣贤之书，我要学习治国、平天下的本领和道理。"

做轮子的匠人微微一笑，跟齐桓公说："那是不可能的一件事。我做轮子做了几十年，我想亲手教会我的儿子，都不可能。我会的，我说不出来。我说出来的，也不见得是我会的。我儿子明白的不一定是我想说的。即使他明白了我想说什么，也完全不等于他能做到。做轮子这件小事都是这样，那治国、平天下这种大事，您通过一本书、几本书，而不是跟老师去学习，那更不可能了，您还是放弃读圣贤书吧。"

成事之道，光靠说，光靠看书，是学不会、练不会的。

尽管用语言描述出来的"道"，并不是真正的恒常不变的"道"，老子依旧努力地去说，写了五千字，因为这些话是有意义的，有用的；老子写《道德经》，冯唐讲"成事学"，探讨工作和生活的干法、活法，是有现实意义的。

二、做事时有我，复盘时无我

“故常无欲，以观其妙；常有欲，以观其徼。”

“常无”“常有”，指的是主动性的“无”和主动性的“有”。

用冯唐的白话讲，是保持一个无我的状态，把自己当成一个接收器，不要带着自己太多的主观判断，就能看到世界的微妙。风怎么吹过来的，花儿怎么开的，女生怎么笑起来的，怎么有了心事。

反之，在遇上具体的事的时候，把自己放进具体的情境中，设身处地，身临其境，就能知道自己的边界，在特定条件下，事情特定的边界；知道自己能做到哪一步，这个事能做到哪一步。

实践的时候要“有我”，总结经验教训的时候要“无我”，把自己当成芸芸众生中的一员。

三、坐而论道不如践行

“吾言甚易知，甚易行；天下莫能知，莫能行。”

这句话似乎有些无奈，但也有些自尊在其中。老子说，自己的“道”很容易理解，很容易践行；但却没有人理解它，没有人去践行。

背后的原因可能有几个：第一，大家不相信世界上真的有条“道”、有个方法、有个规律存在；第二，大家认为“道”是大人物的事情，是君王、霸道总裁的事情，和自己没有关系，因此不去理解，不去践行。

“甚易知，甚易行”。“道”，可能就是你容易知道，甚至容易拿去做。难在你要认它，以及持续践行。

我们鼓励大家认识、接受成事之道、成事之德的存在。我们鼓励大家去思考，我注六经，六经注我；我注《道德经》，《道德经》注我；我注成事学，成事学注我。最后，更要勇于实践，把自己明白的——无论是似乎明白，还是真的明白——付诸实践。你做得越多，想得越多，一边想，一边做，一边做，一边想，你进步得才会越快。

四、天下多是不知道自己困惑的人

庄子感慨："三人行而一人惑，所适者，犹可致也，惑者少也；二人惑则劳而不至，惑者胜也。而今也以天下惑，予虽有祈向，不可得也。不亦悲乎！"

三个人中，有一个人不懂，有两个人懂，有一个人不愿意接受，有两个人愿意接受，那还好，我还能让大家、让天下人变得更接近道一点，让社会效率更高一点。但三人行，两个人困惑，甚至不知道自己困惑，不想知道自己困惑，那只有一个人明白，一个人有体会，一个人有道有德，那可能这个世界是“惑者胜”——二大于一，两个人胜出，一个人孤独。

天下多的是困惑的人，多的是不知道自己困惑的人。虽然我认

守住了大道守住了
你自己就守住了一切
该守的东西

冯唐

定成事学是有效有用的，希望弘扬成事之道、成事之德，但是很有可能这是徒劳的，这也是挺可悲的一件事。

“道可道，非常道；名可名，非常名。”有没有道？有的。成事之道、成事之德，有的。好不好说？不好说。如果好说，我一句话就说清楚了。因为不好说，所以写了这么多成事学的著作。可以不可以说？可以不可以跟着去做？可以说，可以去做。

在这本书里，我就把道从管理的角度，从帝王术的角度，掰开了，揉碎了，跟大家讲讲最重要的方面，争取给大家讲明白、说清楚。也希望大家勤于思考，勤于把思考之后的收获，落到工作中去，落到无限的成事中去。成事，持续成事，持续多成事，你的道、你的德，也就在成事过程中潜滋暗长。

执古之道：

用过去的道理，解决今天的问题

人总是在重复历史。
『执古之道』，就是做古人的徒弟，
解决当下的难题，减少重复犯错的可能。

第二十五章

有物混成，先天地生。寂兮寥兮，独立不改，周行而不殆，可以为天下母。吾不知其名，字之曰“道”，强为之名曰“大”。大曰逝，逝曰远，远曰反。

故道大，天大，地大，王亦大。域中有四大，而王居其一焉。人法地，地法天，天法道，道法自然。

有一个东西浑然一体，在天地形成之前就出现了。它没有声音，也没有形状，孤零零地、永恒地流布于宇宙间，永不停止，可以说它是世界的母体了。我不知道它的名字，先给它取个小名叫“道”，再勉强给它取个大名叫“大”。这个“大”，悄然运行着，无边无际，无远弗届，又返回本源。

所以，道是大，天是大，地是大，人也是大。宇宙间有这四大，人就占了其中一个。人效法地，地效法天，天效法道，道效法自然。

第十四章

视之不见名曰夷，听之不闻名曰希，搏之不得名曰微。此三者不可致诘，故混而为一。

其上不皦，其下不昧，绳绳不可名，复归于无物。是谓无状之状，无物之象，是谓惚恍。迎之不见其首，随之不见其后。

执古之道，以御今之有，能知古始。是谓道纪。

有一个东西——看它却看不见，叫它“夷”；听它却听不见，叫它“希”；摸它却摸不着，叫它“微”。从眼、耳、肉体这三方面，都搞不清楚它，只能从整体上把握它，就叫它“一”。

这个“一”，它不很亮，也不很暗，连绵不断不可捉摸，最后又回到没有物质实体的状态。所以说，没有形状的形状，没有物质的形象，就叫“惚恍”。这个“惚恍”，往前面找不到它的开端，往后面找不到它的末端。

掌握这个远古的道，用它来驾驭现在的世界，认识以前的世界。这就是用道的规则。

这一课继续说说“道”是什么。对着这个不好说的、不容易说的、说不好的东西——这个“道”，再多说几句。

第一，我给大家讲的，都是指向月亮的手指，都是帮助大家看向月亮的手指，但手指它不是“道”，手指不是月亮。

第二，“执古之道，以御今之有”。“道”，一个重要的应用方面，就是以已知知未知，以古知今，以我们朦朦胧胧似乎知道的通理、通道、大道，来帮助你处理你手上的具体问题。

第三个重点就是人。“道大，天大，地大”，人是不是微不足道？不是的，“王亦大”。你想，我们人作为渺小的个体，甚至从天地来看渺小的群体，为什么我们能改变这个世界？人是地球上最有控制力、最有控制权、最有想象力、最有发展的生物，那人一定有些跟其他生物不一样的地方。

一、“道”是什么

老子的“道”，是万物之道，是世界的本源。

它是道路，是规律，是早在物质世界形成之前便已经存在的。用我的话说，它是天地终极的设计逻辑、设计思想，它支配着天地之间万物的运动发展，是整个世界的规律。

冯唐的“道”，是管理之道、成事之道。

冯唐能量有限、学问有限、见识有限、生活在地球上的时间有限，但冯唐花最多的时间去做的事就是管理。从管理的角度说，对冯唐来说，每个问题的最佳解决方法加在一起就是“道”。每一种最佳解决方法，底层共同呈现的东西就是“道”。

面对实际问题，不能简单叠加。一方面，我们要掌握事物之间的共性，掌握其中有迹可循的底层规律、底层逻辑；另一方面，出现具体问题要能够应用这些共同的规律。一个具体问题出来，我们能用一定的方法去处理，随着问题的变化，我们还可以用类似的工具做变通，这就是具体问题的通用管理之术。

管理有道，但是不能机械。

老子从万物之道来讲万物之道，我从管理之道来讲万物之道可能呈现什么，管理之道看上去小，实际上也反映了万物之道。就像

偏离内道太远，就会酿各种力量形成的合力推回道本身

冯唐

一滴水也可能呈现大海的某些特性。

各位也可以把“道”的总体概念用在很多你熟悉的领域——你遇上的人生困扰，你遇上的管理困扰，比如说领导之道，比如说跟随之道，比如说爱情之道，等等。

二、如何用“道”解决当下难题

第一，以古知今，用过去的道理解决今天的难题。

“执古之道，以御今之有，能知古始。是谓道纪。”

讲“道”的另外一个重要作用，就是以古知今。从管理的角度讲，就是用过去的管理方法、管理道理解决今天的管理难题。

“道”是亘古不变的，事情变了，但是做事原理的底层逻辑没变。就像我们小时候玩过的万花筒，里边的色彩块儿、碎纸片没变化，但纸片形成的图案在千变万化。

第二，顺势而为，别给自己找麻烦。

既然“道”亘古不变，它有自己的规律、自身的特点，那你可以硬着来，也可以顺着来。但我想说的是，你硬来，你认为自己大于道，你认为自己能强力强为，这是一条邪路。

从管理上来说，如果你的合作方、你的核心团队没出大错，你没有找到比他们好十倍的人，就不要变，这本身也是顺势而为。一个人是渺小的，一个团队也是渺小的，但是就像历史上的刘邦、项羽等，如果你顺势而为，你的渺小反而会因为顺势而为变得强大。

你顺势而为，借势而起，乘风飞翔，顺水推舟，你会变得很顺利，怎么打怎么有。反之，你会觉得步步难行。不要整天想你就是你，不一样的烟火。你不只是你，你还是芸芸众生中的一个，那点不同、那点独特，仔细想你到底有多少？这就是强调为什么要顺势而为的道理。“道”已经在那儿了，你不顺它，你是自己给自己找麻烦。

历史是漫长的，个人的一生是短暂的。在现实的一二十年里，在有限的工作生涯中，你能遇上几个刘邦？你能遇上几个虞姬？遇上一个都挺开心了。但如果把时间轴拉长，你会在历史上看到成事之道、成事之德、人性的至暗和人性的最大光芒。司马光编撰《资治通鉴》的本意，就是梳理“管理”的一面大镜子，让人在历史的失败中，在这些豪商大贾、名臣猛将犯的错中吸取教训。

人性不喜欢失败，但是人性又不喜欢去思考、去实践真正的“道”。不好意思，如果你不能致虚笃静地去体会、去思考、去磨炼、去修炼这些“道”，很有可能你会跟着人性随便晃荡，结果就是面对你不喜欢的失败。

三、不要轻易偏离“道”

举个例子，秦始皇“废封建，行郡县”有没有道理？秦始皇一统天下之后，该不该废封建？秦始皇手下，他的丞相李斯，为什么建议秦始皇废封建？这件事给我们什么样的经验教训？

第一，万事存在即合理。“废封建”这件事本身它的合理性在于——周朝衰落以后，春秋战国因为分封制产生的问题、破坏的价值、死的人太多了，秦始皇也非常清楚分封制造成的屠戮，但他提出：“天下既然已经统一了，我要彻底克服过去方式的矛盾，它的问题、它的弱点。”所以，他提出的郡县制，有它先进的地方。

第二，李斯作为秦始皇身边的团队成员，建议秦始皇“废封建”，他这个建议有先进性。但是如果从人性的阴暗角度去想，李斯也替秦始皇完成了没有搁到明面上的心思——独揽大权，中央集权。

第三，哪怕是正确的方向、正确的事，都很难和一把手的个人倾向分开，甚至有可能被一把手强烈的个人倾向推向某个极端。作为管理者，如何处理这种极端?

如果你在一个事情中没有看到明显的巨大好处或问题出现，建议你跟着过去的方式走。如果你真的因为科技突破，因为商业模式的突破看到了大好处，看到旧方式产生的大问题，你未来想改进的方式能产生大的改善，那还是要做的。因为你深打一层，还存在万物之道。万物之道在过去呈现A状态并不意味着在未来都要呈现A状态。它很有可能呈现A状态，但是也可能呈现A-、A+甚至B，或者完全不一样的新状态。作为管理者，你要深思。

最后，“道”就在那儿，一个人、一件事情离开“道”太远，偏离了一段时间后，就会被各种力量形成的合力打回，让这种偏离重新回归“道”本身。

“道”就在这里。一组人，哪怕你是秦始皇，哪怕你是李斯，你就这么做了，在运营“道”的万物中存在各种力量，这些力量终能找到某种平衡，这也是为什么秦始皇“废封建，行郡县”实行不久就出事了。有了楚，有了汉，楚汉推翻了秦朝，这也是为什么大汉、西汉又恢复了，部分恢复了分封。当然，也继续实行郡县制，是一种分封和郡县结合的体制。刘邦“白马之盟”说得很清楚，“非刘氏不王，非有功不侯”，不是刘姓不再被分封，没有军功不会给侯位。其实也是用某种方式完成了对于“废封建，行郡县”的轮回调整。

“道”的反动，它离开了“道”，离开得太远，就会被另外几组力量形成的反力打回。如果偏离“道”太远，偏离了一段时间之后，各种力量就会形成一种合力，让这种偏离回归“道”本身。

四、我从史书中领悟的“道”

我十岁开始读二十四史，十七岁开始读《资治通鉴》，其实我在每一个故事里，都看重相关的“道”和相关的“德”，主要有这四方面：

第一，轮回。是指大的人类社会、历史阶段的轮回，它会如何出现王朝的兴衰？这个兴衰轮回如何发生？怎么被看到？一组人的兴衰又是如何发生和被预知的？

第二，历史上的“道”就是人性。兴衰是多种力量、多个人类在人类社会中呈现的起起伏伏，兴衰围绕的基线是“道”。那些人性，特别是那些帝王君主、豪商大贾、名臣猛将呈现的典型的光明和黑暗，这些人性对我来说也是指导我工作和生活的“道”。

第三，成事之道，成事之德。这么多人，在这么多起伏轮回之中，有些人经常能做成一些事，但更多的人经常把一把好牌打得稀烂。那些能够把事做成的人，他们身上闪烁着什么样的成事之德？这是我在史书中去着重体会的一件事。

第四，权谋。我虽然很讨厌不简单、不坦诚、不阳光，但我知道很多人就是这样的。这些人会使什么花招？有什么样的阴暗面？他们挖下的坑可能在哪里？也呈现了一种共通的“道”——人类的阴暗。懂了这些，你就知道了你为什么会被人类的阴暗所骗到。也时刻提醒自己，当你的阴暗面被激发了，当你变得也贪婪，你变得也邪恶，你变得也失去了平衡时，要快速意识到并调整回“大道”上。

五、道大，人的能量也很大

人在天地之中真的那么重要吗？没那么重要，但也没有那么不重要。

“道大，天大，地大，王亦大。”

我们存在的能量场域中有四大，人居其一。否则，人也不会在所有的动物、植物、微生物中有现在这样的地位。人也是大的，有力量的。人和道、天、地处于同一个位置，都是有能量的。多数情况下无法人定胜天，但是在某个区域、某个时间段，你说是不是可以人定胜天？是的。

我们要强调人的能动性。人的能量是核能量。如果人用对了，小米加步枪一定能战胜飞机加大炮。一把好牌，如果错的一组人去打，一定会打坏；同样，一把烂牌让一组对的人去打，有可能打好。时来天地皆同力，运去英雄不自由。但真的英雄在不自由的时候，也能找到手上这把烂牌的可打之处，打出一个天地齐助力。

若能守之：

守住大道，不要无事生非

道的出发点是无为，目的是无不为。
守无为大道，不折腾，万物生。

第三十七章

道常无为而无不为。侯王若能守之，万物将自化。化而欲作，吾将镇之以无名之朴。无名之朴，夫亦将无欲，不欲以静，天下将自定。

道常常是无为的，但它又无所不能。君主要是能秉持住这个原则，万物就能自行生长、发展。发展到一定阶段，欲望就会产生，我将用原始的本真淳朴来抑制它。原始的本真淳朴，它自身不含有欲望。没有欲望，回归清静，世界就会自己安定下来。

第二十三章

希言自然。故飘风不终朝，骤雨不终日。孰为此者？天地。天地尚不能久，而况于人乎？

故从事于道者同于道，德者同于德，失者同于失。同于道者，道亦乐得之；同于德者，德亦乐得之；同于失者，失亦乐得之。

信不足焉，有不信焉。

少说话，顺应自然。狂风刮不了一个早上，暴雨下不了一整天，谁干的这事？是天地。狂风暴雨这种极端现象，天地尚且不能干得长久，更何况人？

所以啊，跟从道的人，道会和他在一起；跟从德的人，德会和他在一起。舍弃道的人，道也舍弃他。和道在一起的人，道也高兴地给予他；和德在一起的人，德也高兴地给予他；舍弃道的人，道也乐意什么都不给他。

信用不足的人，别人不会信任他。

“道可道，非常道”，道是要遵守的，是要去追求的，是要去讲解的，是要去领会的，是要去实践的。

第一，想让各位知道的是，道最大的特点是无为。不是为了“躺平”，是为了无不为。你的视角、你的出发点是个管理者，你要遵循的道，最重要的一点是无为，无为的目的是无不为。

第二，如果你真的能做到无为，持续无为，持续地守住自己的无为，那“万物将自化”，万物自然而然地生长，自然而然地开花，自然而然地结果。一把手不仅要自己守无为之道，还要让这个机构总体守无为之道。你怎么让自己的机构守住无为之道？你要用质朴无华的行动、语言镇住你的团队。简单地说，自己守，带领团队守，把无为而治、无为而无不为，化成企业文化最重要的一部分。

第三，“希言自然”，少说点话，少做那些没必要做的事，少做那些不一定要做的事。

一、做管理的第一要义：少折腾

“道常无为而无不为。”天地不言不语，从不折腾，按照它自有的规律运转。如果天地折腾起来，即使是些小动作，比如地震、洪涝，多少人会受到它的影响？手握众多资源的高级管理者，任何一个小指令或行动，也能造成不小的影响。所以，高级管理者要尽量少说少做，不影响具体工作，或许结果会更好。

在一个企业里，大领导者有时候就相当于天地的作用，所以要少折腾，尽量让企业自然地正常运行。

不折腾，是不要在一些没必要的事情上花精力。因为你会发现，你能调动的资源、你的能量，也会大把地消耗在那些没必要的事情上。

高级管理者要做的是定方向、定人、找资源。

第一，定方向。把 80% 的精力花在跟核心团队一起确定战略方向上——何处竞争、何时竞争、如何竞争，而不是花在一些细枝末节的创新和执行上。

第二，找人。一个方向、一个战略应该搭配什么样的人去做？如果团队里没有这样的人，你到哪儿去找到他们？战略之后，领导最重要的事就是组队。

第三，找资源。有了战略，组好了队，选对了人，你要做的是找资源。撑起为团队遮风挡雨的伞，让团队有动力撒开了去干。

定方向，找人，找资源，给他们保驾护航。剩下的就是摁住自己的手，抑制住亲自动手的冲动。无论是新官上任，还是老将廉颇，都要克制住自己想做那些有的没的的事的冲动。

道是终极的设计思想，它支配着天地之间万物的运动发展，是世界的规律，宇宙的原理

冯唐

二、屏蔽杂音，只做最重要的事

“侯王若能守之，万物将自化。化而欲作，吾将镇之以无名之朴。”

战略定好了，团队配齐了，你又撑起了伞，让团队有能力、有动力、有许可去沿着战略做事，剩下的就是等着“万物将自化”了。偶尔请团队喝喝酒，提供一些情绪价值就好。

如果市场反馈你战略出现了严重错误，那就做战略检讨、战略调整就好。不要着急，相信时间会做你的朋友，万物会自然向前发展。

你越站在山尖上，越会听见风声；你越是霸道总裁，你手上资源越多，能做的事越多，你周围一定会听到更多的噪声。这些噪声，有的来自内部，有的来自外部。

如何能够淡定，如何能够笃定？这又是一个对霸道总裁的重要考验。下面人蠢蠢欲动时，想拉着你有所为。可是你已经把最重要的事做了，此时你就要非常笃定，用无为之道来应对他。

三、如何顺其自然地做事

“希言自然”，在管理的过程中，要少说话，少定规则，少做一大堆案头工作，顺其自然去做事。

有三类霸道总裁，是无法体会和做到无为的。

第一类，是爱发号令的。曾经有一年发现了海昏侯刘贺的墓，这被选为当年十大中国考古发现之一。海昏侯最“了不起”的地方，是在位的短短二十七天时间里，下发了一千一百二十七道命令，干了一千多件坏事，派出的使者往来不绝，拿着符节向各个官署下达诏令，要东西，要美女。

第二类，是做得太多的。这类霸道总裁有理想，以国为怀，但是却做得太多。比如，戊戌变法的短短一百零三天里，仅通过光绪帝发布的变法上谕就多达一百多道。

第三类，偏离大道太远的。比如，想向天再借五百年的秦皇汉武。汉武帝在位期间四大爱好——好武、贪财、喜神仙、用酷吏。他死的时候比他刚登基的时候，汉朝人口减少了一小半，而且是完全没有大规模内乱的情况下，这在中国整个历史上都是少见的。所以，汉武帝算不上是好皇帝，汉武时代也算不上是美好的时代。

如果你是一个初阶领导，那我跟你说的也是三点。

第一，“道常无为而无不为”，抓住你最该干的三件事，然后停住。

第二，自然而然地把一切事情做好，不乱扩大、乱做事。守住自己团队想要乱动的心，继续从战略、从组织、从资源角度考虑最该做的事。

第三，在过程中少做表面文章、少讲话，多做实事，你就会像天地一样孕育着万物生长。

如果你是一个员工，你看你这个领导经常违反以上三点——经常持续性地乱做事，耳根子软，谁有点什么提议，他都屁颠屁颠地找点资源让他去做。满口管理理论，整天定制度、定规章、定流程、定方法。你应该重新考虑这个人值不值得跟。

致虚守静：

不急于评判，不急于改变

成大事，要养静气。

静是最简单的工作思维方式。

第十六章

致虚极，守静笃。万物并作，吾以观复。

夫物芸芸，各复归其根。归根曰静，是谓复命，复命曰常，知常曰明。不知常，妄作，凶。

知常容，容乃公，公乃王，王乃天，天乃道，道乃久，没身不殆。

最大程度地放空自己的内心，坚持守护内心的清静。万物生长，我观察它们的规律。

万物繁茂，每一个最终都会回到它的根。回到本根，就是静。静，也就是回到最开始的状态。回到最开始的状态，是“道”运行的法则。知道这个法则，就是聪明；不知道这个法则，就是笨。笨还干各种事，就凶险了。

知道“道”运行的法则的人心胸宽大，心胸宽大的人处事公正，处事公正的人能做领导者，领导者能顺应自然，顺应自然符合“道”，符合“道”才能够长久，一辈子都不会失败。

第四十章

反者，道之动。弱者，道之用。天下万物生于有，有生于无。

向反方向运行，是道的运动；处于弱势，是道的作用。

天下万物，诞生于“有”的实体，“有”则来自“无”。

第一，“致虚极，守静笃”。事务纷繁复杂，每个人都是一个宇宙。小至一只蚂蚁，大到一个女生；小至一条鱼，大至一个国家；小至你自己一个人、一个肉身，大至你带的上万人。无一不是异常复杂的、各种力量相互在作用的宇宙。你作为一个有意识的灵魂、有意识的人，你怎么处理这种复杂性?

第二，“万物并作，吾以观复”。这里提到的是“虚极静笃”的一个重要应用领域。万物生长，草长莺飞，有些人起高楼，有些人楼塌了。这“万物并作”，你要干吗？你要看规律。

第三，“反者，道之动”。之所以人是人，人有人性的桎梏，人会做好多跟道、跟德不一样的事，甚至相反的事，人就是这个样子。有兴有衰、从兴到衰，这种“反者”反而是让你知道“道”会呈现什么样子的现象。

第四，“不知常，妄作，凶”。如果你不知道什么是反的，不知道什么是正的，也无从知道“道”到底是什么。不知道“道”是什么，不知道轮回，不知道起伏，你“妄作”就是“凶”，会带来巨大的风险、巨大的灾害。

一、守静是最简单的工作思维方式

“致虚极，守静笃。”淡定。不要做那么多，做最关键的、最能抓得住的、你认为最重要的事，其他的事随它去吧！坚持这么做，好结果会自然而然地发生，而且是你该得的；其他没发生的，无论好事、坏事，就是你不该得的。这种状态实际上就是“虚极静笃”。

“万物并作，吾以观复。”这是“虚极静笃”的重要应用领域。“万物并作”，就是这个世界呈现出来的样子。“吾以观复”，我是个处理器，我是个信息接收器，我看着身边的一切，吵闹的大家，生长着的万物，我一遍遍观察，我不是一个看客，我是一个智慧的人，我是一个成事者，我要看出这个世界的规则来。万物生长，万物并作，草长莺飞，春夏秋冬，有些人起高楼，有些人楼塌了。你要守着“静笃”来看，看到几个轮回之后，就是人世间的规律。

你想象规律、规则像一条平线，像一个海平面，那与这个海平面不完全一致的起伏，提示的都是这条平线——这个规则、规律本身，都是道的本身。“观复”，就是看到一来一回、反复，“反”都是“道之动”，都是我们说的规律、规则的呈现。

如果人人都按成事之道、成事之德去做，那人类可能变成更高维度的物种了。之所以人还是人，是因为人有人性的桎梏，人就是会做很多跟道、跟德相反的事。只有个别人、个别团队、个别组织会依据道来胜出。可是个别人胜出之后，也没能持续地把这种成事之道、成事之德贯彻和传递下去。因此，有兴有衰、从兴到衰，仍在轮回。这种“反者”反而能让你知道“道”会呈现什么样子的现象。“反者，道之动。”

“不知常，妄作，凶。”如果你不知道什么是反的，不知道什么是正的，也无从知道“道”到底是什么。不知道轮回，不知道起伏，你“妄作”就是“凶”，“妄作”就会出事。

“守静”是人最能掌握的一种工作思维方式。观察规律，确定战略，很笃定地去执行战略。从得“道”之人身上学得道；从不得“道”的人身上吸取教训。

“守静笃”，不是彻底地厌世，而是安静下来做事，是静静地等待机会。按捺住自己那颗因为人性想要马上去做什么事的心，安静、积极地思考。

安静和积极并不矛盾，我可以冷冷清清地风风火火，我可以安安静静地热热烈烈，去思考，去计划，去谋划，“先胜而后战”。不管外边多乱，不管团队有多慌，不管我的相关方有多乱；我能让自己安安静静地把问题解了，坐言起行。

二、庄子的静：忘记结果、褒贬、肉身

《庄子》中有一个故事，“梓庆削木为鐻”，梓庆是个有名的工匠，他把一种木头削成一种乐器，“削木为鐻”。当有人问他，用木头做这个乐器的方法是什么？他说“齐三日”“齐五日”“齐七日”。“齐”就是“斋”，不吃荤，不喝酒，不娱乐，不近女色。重点不在他“削木为鐻”，而是他领到这个重要的任务后斋戒三日，“不敢怀庆赏爵禄”，“如果我削木为鐻，得到了重赏，得到了封官……”先别想这些，这是一层静。他斋戒三日，先要破的是对结果的预期。再斋戒五日，“不敢怀非誉巧拙”，不去想别人会怎么夸我或怎么骂

我，不要想别人怎么看我。

"齐七日，辄然忘吾有四肢形体也"，再"静"一步，你甚至忘掉了自己的肉身。

忘记结果，忘记褒贬，忘记肉身，不着急，不害怕，不要脸。底层逻辑就是安静地做一个成事的职业选手。

三、致虚守静是求道的方法

1. 心静——内容要大于形式

斋戒三天、五天、七天，不喝酒、不吃肉、不近色，这只是形式上的东西，更重要的是态度——不着急、不害怕、不要脸，对时间的态度，对结果的态度，对他评的态度。

我有朋友，曾经每天站三个小时桩。就真的能做到心静吗？这个每天站桩三小时，站了二十年的人，最后还是出事了。还是因为一己贪欲，做了自己本不该做的事，还是因为不"静"出的事。还有每天跑步十公里的朋友，得抑郁症了。内容要大于形式，如果光求形式，你不见得能做一个安静的人，你要让自己这颗心清静。

2. 笃静——关注自身的成长与进步

《韩非子》中有个故事，"赵襄主学御于王子于期"，赵襄子跟王子于期学驾车，他总是输。他问王子于期："我又不笨，我又向你学，为什么我总是输？"王子于期说了一个特别简单的道理："赵襄主，你光关心我了，光注意我了，你没注意自己。你是学习的主体，你要把我教你的驾车的技巧、工具、方法、路数，一个个学过去。你整天看着我干吗？”

我原来是个学霸，我告诫我自己学习要笃定、淡定。我只管我自己的事，只管我跟书。我用我自己认为对的方式去读我该读的书。我不太在意周围的世界，包括别人看什么书。很久以后有人说：“其实你读书并不快。”我说：“我从来没想过快和慢，我只在意我自己能不能把这个书读透、读明白。”

所谓“静”无非是三点：

第一，把“静”作为做事、处事、实现无为无不为的最重要的方式、方法。

第二，“静”是观察这个世界的底子和出发点。

第三，不了解规律时，乱做、乱来，风险与之俱来。力战者未必能胜，快跑者未必先达，由静而动，动静平衡，守虚至静。

3. 不了解的时候，别轻举妄动

静，静以观复，静以看规律，跟规律不同的，其实反过来还是提示你规律在什么地方。那如果你不看规律、不安静，轻举妄动，那是凶险的。

世界在变化的时候要坚持住、稳住，先观察，再行动。没有不好的时候，只有不安静的、不安定的管理者；没有不好的时候，只有差的一把手。

落到小处，跟别人交谈时，安安静静听人把话说完。面对一件事，再急的事，别急着给评论，别急着给意见，别急着让你的自我冲出来，显得自己有多好。

“动如脱兔，静如处子”，整天如脱兔的，那就是一个脱兔；整天如处子的，那就是一个傻子。“动如脱兔，静如处子”，追求的不是静、不是动，是动静的平衡。

静在动之前，能够管住自己的身体，管住自己的头脑，刨去这些杂滤，刨掉那些对结果的预期，对他评的恐惧，刨掉那些跟事情本源无关的想法，在动的时候，按照规律、按照道、按照德去做，这样完成由静到动的动静平衡。

四、如何让自己静下来做事

现在人想静下来做点事也挺难的。除了不着急、不害怕、不要脸，除了庄子说的三“齐”、五“齐”、七“齐”，还有三点是比较好做的：

第一，找到真心喜欢的事。戏大于天，事大于你。你要把自己当成一个载体，要以事为尊。并不是说人为事异，人被异化，而是说你为了这个事可以做到忘我。完全忘我有风险，你不用达到这么高的境界。当你天天想的百分之八九十是这个事时，你自己才有可能静下来。

第二，如果你已经有了这么一个事，那你争取再找两三个小伙伴，形成一个团队，大家一块儿做。想“静”，一个人做很难。如果

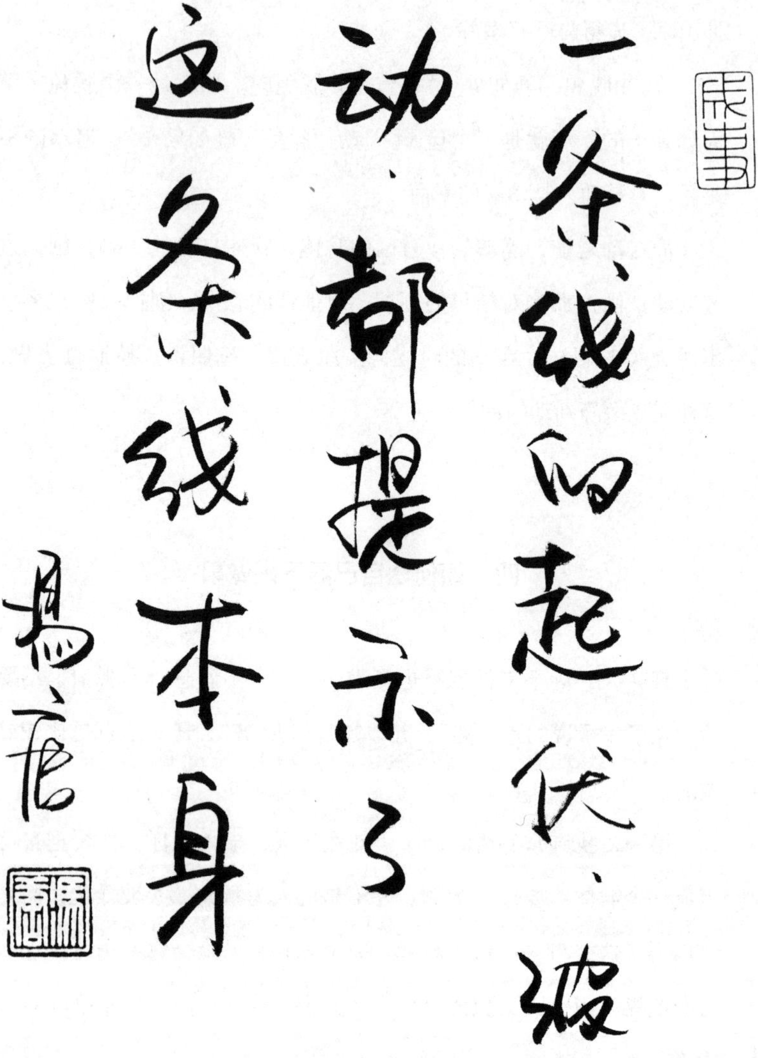
一条线的起伏、波动都提示了这条线本身

有一组人，有师友加持，就会容易些。

第三，形成一些帮你静下来的习惯。比如，睡前不看手机，喝茶、喝咖啡、喝酒的时候，放下手机，对得起那杯茶，对得起那杯酒，对得起那杯咖啡。再比如认真地读一小时纸书，在一小时里不碰手机。

自己找件事，事大于自己；组一个团队，大家一起干这件比自己大的事；形成一些好习惯，让周围的噪声变得少一些。

为道日损：

战略的核心是做减法

不节外生枝，不生妄念。
事情减无可减的时候，
剩下的才是你真正要做的事。

第四十八章

为学日益，为道日损，损之又损，以至于无为。无为而无不为。取天下常以无事，及其有事，不足以取天下。

学习的时候，学到的东西每天都在自己身上增多；求道的时候，每天做减法。减了又减，一直减到“无为”的地步。到了“无为”，就事事可以做了。治理天下的人常常能处于“无为”而“无事”的状态，如果他总是“有事”，就没有治理天下的能力。

第五十六章

知者不言，言者不知。

塞其兑，闭其门；挫其锐，解其纷；和其光，同其尘。是谓玄同。

故不可得而亲，不可得而疏；不可得而利，不可得而害；不可得而贵，不可得而贱。故为天下贵。

有智慧的人不说话，长篇大论的人实际上没有智慧。

把欲望的路堵上，把思虑的门关上，磨掉身上尖锐的东西，化解内心的纷乱，收敛光芒，和尘埃混同，这就是“玄同”的境界。

到了这个境界，不会和某人某物特别亲近，也不会和某人某事特别疏远；不会从别人那儿获利，也不会从别人那儿受害；不会认为某人某物高贵，也不会认为某人某物低贱。这种人，天下人都尊崇他。

这一课的核心词是“损”。不是吃喝嫖赌抽、坑蒙拐骗偷的“损”；而是说，不要生枝蔓，不要生枝节，不要生妄念。跟我们之前讲过的无为是一脉相承的。

第一，稍稍展开给大家讲讲“损”，做减法的“损”。我“损”，不是为了失去，而是为了得到，“损之又损”，最后你拿到的是“无为”。

第二，“知者不言，言者不知”，也就是说表达重要，但是表达不是第一位的，甚至表达要往后退一两步。先安静，在安静的基础上、笃定的基础上，想明白，想明白之后再说。即使你安静地想明白了，说也不要说得那么多，让表达成为冰山上的一角，不要让表达成为冰山本山。

第三，“取天下常以无事，及其有事，不足以取天下”。真正在天下做出大事的，能逐鹿中原成功的，并不是慌慌张张、匆匆忙忙的人，而是以似乎没有急的大事的状态，按部就班地“无为而无不为”的人。他开始慌慌张张，整天有事，他不足以得天下。

一、做减法是为了做更好

“为学日益，为道日损，损之又损，以至于无为。无为而无不为。”这两句我非常喜欢。

“为学日益”，意思就是学习要敞开心灵，敞开六感——眼、耳、鼻、舌、身、意，读书、行路、学徒、做事，要每天都在增长。

“为道日损”，当你真的琢磨纷繁复杂的万物，一层层挖下去时，你会发现，底层的底层，存在共通的东西，共通的东西会变得越来越精简，越来越硬核。

“损之又损，以至于无为”，减法做到最后，无减可减时，剩下的这件事就是我们必须做的。

在管理的具体实践时，你先要问的是：“我要处理好这件事意味着什么？这是不是我必须要做的？”直到砍到最后几件必须要做的事。

战略的核心是做减法，做减法是为了把事情做好，是为了你能着重于必须要做的那几件事，而不是为了做减法而做减法。

这是以麦肯锡为代表的西方管理理论，这也暗合了老子说的“无为而无不为”。控制住自己的手和脚，笃定下来，带着团队做最重要的事情，到最后我们一定能达到我们想要的主要目标，甚至更多。

在学习成事之道和成事之德的过程中，一开始似乎每天都能学到新东西，很有新鲜感。越往后走，你越会发现，一旦你真的能把成事之道和成事之德总结、提炼、归纳，融入自己的心里、骨头里、血液里，你有了又见森林又见树木的全知视角和具体视角时，你需要记住的相当少。

就好比治学，任何一门学科都有一个把书读厚的过程。教科书里只是总结了基本原理和简单例子，你尽量要找参考书，找最新的研究，请教老师，等等，把书从薄读到厚。但之后，又有一个从厚到薄的过程。就是你知道最重要的原则是为什么、怎么用。对那些不需要记住的细节，你知道去哪儿找就够了。

其实我也常常会进入这种状态，就是似乎我什么都不知道，好像我读了那么多书，干了那么多事，走了那么多路，但是在一瞬间我毫无所知。然而一旦你让我走上舞台，做困难的事情，带一支团队，我一定能比多数人做得更好。我想，这种心境，是高阶经理人应该具备的。

成事过程往往是一边学，一边提炼，见识越来越广，但是内心的道，也就是终极版的真知灼见，反而越来越少。

做管理也是一样，真正强悍的领导者，看似烦心的事越来越多——更大的团队、更复杂的事情、更大的困难，但是真能让他烦到睡不着觉的事情，越来越少，需要他使洪荒之力去做的事情越来越少，团队、项目反而是越来越顺。

二、合适的话说给对的人听

“知者不言，言者不知。”这句话我也讲三点：

第一，要证明一件事你真的懂了，你就要能用最简单的话，跟你妈讲明白，跟你的团队、合作方都讲明白，最多用三分钟能跟你领导说明白。

然后，你要用行动来证明。能用短话说明白，能在干中拿结果，这才是真明白。

第二，合适的话要对该说的人说。根本听不进去道理的人，跟他说了也没用。

“子曰：‘可与言而不与之言，失人；不可与言而与之言，失言。知者不失人，亦不失言。’”（《论语·卫灵公篇第十五》）这个人能听明白，但你没跟他说，你就失去了这个人，失去了机会。反之，这个人听不懂你说的，你偏要跟他说，这是你白说，是废话。

“知者”不会失人，也不会失言。“知者”会跟对的人说该说的话，他不会浪费能量，和不该说的人说不该说的话。

孩子跟成年人不一样，孩子还是一张白纸，你还能灌进东西。你说几遍都没用，不意味着他没明白。忽然有一天，你会发现，他按照你说的做了。

孔子跟小孩子教育的例子都指向了一个职场的应用，就是对新人、年轻人，最基本的原则、最重要的工作方式方法，要不厌其烦地说，早教育，早形成共识。反过来，如果人家通过言语、行动和最后的效果告诉你，你说教是有问题的，那只能说你没有得到道，调整你要说的东西，或者放弃也是一种美。

第三，在风险可控的前提下，试错教育更有用。说太多可能没用，不如让他去犯错，让风险教育他。还有另外一种可能就是，他没错，是你想错了，你犯了“毋意、毋必、毋固、毋我”的毛病。

三、慌慌张张，难成大事

“取天下常以无事，及其有事，不足以取天下。”我先说事，再说人。

事分两个维度，一个维度是重要性，一个维度是紧急性。真正取天下的团队、取天下的公司，没那么多又紧急又重要的事情。如果你周围都是紧急又重要的事情，你这个公司不行，天下不是你的。

一个公司更好的情况应该是，紧急但是不大的事，你偶尔应付应付；重要但是不紧急的，你可以相对从容地好好去做，抛开杂念、拎清重点，给它做好。当然，又不重要又不紧急的事，无所谓了，咱们不管。

人也一样，如果你看这个人整天忙忙叨叨、风风火火，似乎有无数的急事、大事在他身上，忙到六神无主，那他缺的是静，缺的是守，缺的是道。不静、不守、不能无为的人，不可能取得好的结果。当然，个别有精神问题的除外，成人多动症除外。

当一个人失去对自己日程的控制，他离出事不远了。比如你跟他约好了，他忽然临时取消了。如果他的理由不是自己或直系亲属生病，而只是临跟前说“实在不好意思，我来不了了”这种，有事到这个程度，那天下跟他无关。真正做大事的，能逐鹿中原成功的人，从来不是慌张匆忙的人。

明白四达：

真正的强者看得见细微之处

在管理上，不要总想着理论创新。
管理是朴素的、扎实的学问，
管理之道是安静的、笃定的道。

第十章

载营魄抱一，能无离乎？专气致柔，能婴儿乎？涤除玄览，能无疵乎？爱民治国，能无知乎？天门开阖，能为雌乎？明白四达，能无为乎？

生之畜之，生而不有，为而不恃，长而不宰，是谓玄德。

肉体和精神抱成一团，能始终不分开吗？集聚身体里的气，身体能像婴儿般柔软吗？清理内心，能使内心像镜子般没有瑕疵吗？抚育百姓治理国家，能不靠智巧的手段吗？一呼一吸，能保持柔弱的状态吗？清楚知晓四面八方的各种事，能无为吗？

生它，养它，不占有它；成就它，不居功；引领它，不主宰它。这就是“最深远的德”的境界。

第五十二章

天下有始，以为天下母。既得其母，以知其子。既知其子，复守其母，没身不殆。

塞其兑，闭其门，终身不勤。开其兑，济其事，终身不救。

见小曰明，守柔曰强。用其光，复归其明，无遗身殃，是为习常。

世界的运行都有着初始的根源，就像母亲。掌握了这个“母亲”，就可知道“儿子”的情况。知道了“儿子”的情况，再坚守住初始的根源，一辈子都不会失败。

把欲望的路堵上，把思虑的门关上，一生不会操劳。开启欲望的通路，忙忙碌碌于事务，这辈子就没救了。

能体察幽微叫“明”，能守住柔弱叫“强”。既能运用自身的能量之光，又能回到幽微的“明”中，不给身体带来灾祸。这样做，可以说是遵循了恒常的道。

第一，这一课的重点是老子发出的灵魂六问。你在管理上，如果你是个霸道总裁，你想想用这灵魂六问时常地问自己，隔三岔五、隔两三个月问一遍自己，你做得到这灵魂六问吗？如果你不是霸道总裁，你也可以拿这个灵魂六问去看看你现在的霸道总裁、你现在的CEO，能不能经得起这灵魂六问？

第二，理论和实践的关系就像母子的关系一样，不能忽视理论，但更不能忽视实践。

第三，在学习理论，把理论用之实践的过程中，有一句实在的话——“见小曰明，守柔曰强”。要看见森林，也要看到树木，“大处着眼，小处着手”。你要守的并不是那颗逐鹿中原的心，而是你要守柔，守住大道，等待机会。在逐鹿中原的机会来临的时候，如果你之前把自己的基本工作都已经扎扎实实地天天在做，那这个机会就是你的，中原上的鹿可能就会死在你手上。

一、老子的灵魂六问

1. 载营魄抱一，能无离乎?

老子发出的灵魂六问之一："载营魄抱一，能无离乎？"

精神和形体，道和你，能不能不分离？关键的东西你能不能守住？大道和你的身心能不能合一？你能不能做到知行合一？能不能在不同的经营环境里，对于不同的人，动作都不变形？

2. 专气致柔，能婴儿乎?

老子灵魂六问之二："专气致柔，能婴儿乎？"

你能不能集中精神，平静得像个初生的婴儿一样？能不能随时拿起，随时放弃，随时接受，随时忘记？

小孩之所以不容易受伤，第一个是忘得快。相比之下，大人耗的能量就会更多，忘不了初恋，忘不了失败，忘不了惊心动魄的那些人和事。但小孩总能够通过快速忘记，吃得饱、睡得好、哭得响、学得快。

第二个是小孩的精力就集中在最关键的几件事上——吃喝拉撒睡，其他的事不太重要。

我想笑就笑，想哭就哭，我只要把吃喝拉撒睡几件事做好了，我就是天地之间最无忧无虑的人。其实就是某种程度上的无为。

第三个是小孩会示弱，不硬扛。他不会认为自己躺下了、示弱了，别人就会看不起他了。小孩不硬扛，敢简单、坦诚、阳光。

成年人应该问问自己，是不是能做到这三点呢？

3. 涤除玄览，能无疵乎？

老子灵魂六问之三："涤除玄览，能无疵乎？"

你能不能洗清杂念，深入观照，眼观鼻，鼻观口，口问心，问心无愧？你能不能进入观照之后，如实看到自己身心的瑕疵？你能不能把事情搁在脸面之前？你能不能把大道当成行事的最高准则？

管理者在遇到事情时，会听到各种人的各种说法，究竟能不能做好信息收集和判断？定了之后能不能耳根子不再软？

4. 爱民治国，能无知乎？

老子灵魂六问之四："爱民治国，能无知乎？"

老子又强调了一遍治大国，爱民治国一直在老子的心上。大家要意识到，老子讲的不是养生指南，不是哲学，也不是宗教。老子在讲规律，自然无为的规律。

如果你是一个霸道总裁，你可以把"治国"理解为治理公司的规律。那么，你能否按照自然的管理规律、管理之道去做？

想跟大家说的是，搞无用的理论创新，不如把对的道理多想几遍、多用几遍。很多所谓"理论创新"，其实是一条管理上的"邪路"。

5. 天门开阖，能为雌乎？

老子灵魂六问之五："天门开阖，能为雌乎？"

一呼一吸，这一个时辰，这一天，你能绵绵细静地雌守吗？

希望做管理的人会守雌道，不要老想着杀伐占取、攻城略地、开疆拓土。当机会到了，“天与不取，不吉”，那个时候，干它！但多数的时候要想，遇事、遇到纷争，能不能退一步？你能不能压制一下那种男性激素、杀伐决断的冲动？

6. 明白四达，能无为乎？

老子灵魂六问之六：“明白四达，能无为乎？”

当你可以通达四方时，你能做到不搞事、不玩弄权术吗？能做到不用心智去玩权谋游戏吗？

懂权谋的目的，是能避开权谋的坑。但是，我强烈建议成事人不要用权谋，哪怕有捷径，一旦用了，你就远离了大道。你跟魔鬼达成过一次交易，你就有第二次，很多个下一次。

二、用好理论与实践的循环

沿着老子的灵魂六问，我来分析在管理中，如何平衡理论和实践的关系。

管理理论和实践，就像母和子：“天下有始，以为天下母。既得其母，以知其子。既知其子，复守其母，没身不殆。”先有理论，再有实践，先有母亲，再有孩子。母亲是理论体系、理论核心，做事的工具、方法、三观。子是具体项目、具体事情。

在实践中守住“母”，用“母”的理论去培养孩子，反过来在培养孩子的过程中，对于母、对于雌、对于道有所反思，更深刻地认识“母”。这是一个从理论到实践，再从实践到理论的循环反复过程。

经常实践这种循环，你的身、你的心、你的道就会合为一体。

三、看见小处，才是真聪明

最后，一句实在的话——“见小曰明，守柔曰强”。

看到小处、看到细节，才是真的聪明。管理上也常说，要从大处着眼，小处着手。把事情从头想到尾，按照最关键的步骤逐一落实。

真正的强者，不是每天站在风口浪尖上呼风唤雨的人，而是能把最基本、最关键的东西做好，把成事之道守住的人。看上去没什么难的，但是你坚持做，长此以往，没有人能超过你，没有人能超过你的公司。

愚人之心：做大智若愚的人

在管理里，笨是出发点。踏实本分、殚精竭虑、不动权谋，都是一种笨。

第二十章

唯之与阿，相去几何？善之与恶，相去若何？人之所畏，不可不畏。荒兮，其未央哉！

众人熙熙，如享太牢，如春登台。我独泊兮，其未兆，如婴儿之未孩；儽儽兮，若无所归。

众人皆有余，而我独若遗。我愚人之心也哉，沌沌兮！俗人昭昭，我独昏昏；俗人察察，我独闷闷。澹兮，其若海；飂兮，若无止。

众人皆有以，而我独顽似鄙。我独异于人，而贵食母。

谦卑恭顺和呵斥自大，有多大差别呢？美和丑，有多大差别呢？大家都害怕的东西，我也不得不害怕。荒唐啊！这样的荒唐没个完啊！

所有人兴高采烈，就像去参加盛宴，像春天时登高游玩；而我独自平静，没有动作，就像还不会说话的婴儿。孤单啊，好像无家可归。

所有人对生活都很满足，只有我一人好像缺失了什么。我有着一颗笨人的心呀，混混沌沌。俗人们都头脑清楚，只有我懵懂；俗人们都精明算计，只有我混沌。我平静的样子，像大海一样；我思绪飞扬，像风在天空，没有止境。

所有人都找到了生存的方式，只有我是老顽固、土老帽。我和他们都不一样，我只珍视“道”——养育万物的母亲。

第六十五章

古之善为道者，非以明民，将以愚之。民之难治，以其智多。故以智治国，国之贼；不以智治国，国之福。

知此两者亦稽式。常知稽式，是谓玄德。玄德深矣、远矣，与物反矣。然后乃至大顺。

从前运用道治理国家的人，不是要把百姓变得机智聪明，而是要让他们淳厚朴拙。百姓之所以难于管理，是因为他们聪明太多。所以，治理国家推崇聪明技巧，会害了国家；治理国家不推崇聪明技巧，才是造福国家。

知道这二者的区别，就是懂得了管理的规则。长期地实践使用这条规则，就可以说有了“玄德”。“玄德”深沉、悠远，引领万物万民返回本真，然后就达到无不顺利的境界。

这一课有两个关键的金句：

第一，“俗人昭昭，我独昏昏；俗人察察，我独闷闷”。让别人去做聪明人吧，小聪明用得越多，算得越精明，其实越错。对于不重要的事、外面的热闹，我就糊涂着吧，我就自己闷声做事吧。

第二，“古之善为道者，非以明民，将以愚之”。人们对于这句话有很深的误解。这里的聪明更多带有贬义，更多是指小聪明，是指走捷径、用权谋。相反，“愚”并不是蠢，而是本分扎实的意思。

一、高成就的人往往不是最聪明的

我观察到的现象，在好多行当里取得最高成就的人，往往不是最聪明的人。这些人反而常吃点亏，反而似乎要慢点，似乎嘴笨点。

我认为管理上，笨比聪明更值得推崇。

第一，从管理的角度讲，企业要推崇求真务实，要摒弃相互猜忌、走捷径的企业文化。企业的内耗正源于不简单、不坦诚、不阳光。

“古之善为道者，非以明民，将以愚之。”老子的本意不是愚民政策，不是要把人变傻、变得好管，而是希望老百姓保持淳朴，不要太过机巧。

第二，从个人层面上来讲，人要做的不是机灵，而是老实用好自己这块儿材料。人应该有这样的心态——人皆草木，做小草是一辈子，做大树也是一辈子。选择性忘记自己的天赋，扎扎实实做自己喜欢干的又能干的事，顺其自然，能做成什么样就做成什么样。天赋不会因为你忘记了它，它就不存在，自然而然它就会显现出来。

有人努力在没天赋的领域，把自己变成有天赋的样子，于是开始“端”、开始装，因为对天赋的不诚实，产生很多破坏。另外一种情况，一个人有天赋，但总是想着自己的天赋，不去落到实事上，天赋被白白浪费了。

第三，从智慧的角度讲，人的能量都耗费在算计上，也许自我感觉良好。从树木的角度看，也许他是对的；从森林的角度看，他是错的。

二、分辨小聪明和大智慧

“俗人昭昭，我独昏昏；俗人察察，我独闷闷。”这是老子的心声，在众人的小聪明面前，大智慧怎么看都像一个“愚人之心”。

我宁可多受累，少挣钱，我也想获得更高的职场智慧、管理智慧。我宁可不要小聪明、假聪明，而要当一个老老实实，一点不聪明的普通人。但如何区分小聪明和大智慧呢?

第一，是真知灼见和假大空之间的区别。真智慧追求的是真知灼见，是事物的真相，是做事真的有效的方法，是能够真的产生价值、产生结果的行动。而小聪明是在短时间内，人一拍脑袋就能说出来的，看上去不可能错，但是是虚的东西。

如果不做调查研究，没有积累，没有仔细思考，决策和结论就信手拈来，这种东西往往是小聪明、假聪明。不可能错的话往往是废话，其实也没必要说出来。

第二，是花哨和朴实的区别。真的智慧是朴素的，甚至是家常的。而小聪明、假聪明相反，会用一些你觉得出彩、神奇的词描述。你乍一看不知道它在说什么，只是觉得高大上、神奇又美好。

第三，是业绩和结果的区别。大智慧可以用结果说话，引导向长期业绩，长期结果。而小聪明似乎省事，似乎是捷径，能在短期拿到结果，但是中长期成不了大事。

求大道，求真智慧；不走捷径，捷径摆在面前都不去走，因为你心里知道，捷径往往是通向谬误、通向灾难最短的路。

三、大智慧怎么修

大智慧怎么求、怎么修？历朝历代、历门历派都有两条不同的路。一条路是渐修，天天做功课，逐渐地修行，期望有一天得到大智慧；还有一条路是顿悟，忽然明白了，身心如桶底脱，水桶的底掉了，所有的愚蠢之处统统在一瞬间脱落，不在身心里再次出现。

普通人选择渐修还是顿悟？

第一，先渐修，老老实实积累、沉淀。大智慧，就是先不去想自己有什么天赋，先无为，先确定自己认为最重要的东西，围绕最重要的东西下笨功夫。先别想你的天赋有没有、有多大，慧根有没有、是粗是细，先假设你就是普通人，扎扎实实地去渐修。

第二，顿悟，智慧来了别害怕。当你在一瞬间忽然觉得自己明白了，无论是做一个事的时候，还是跟导师说一番话的时候，还是午夜梦回看到月上南山……无论什么场景，在渐修的路上，如果你有顿悟，不要被顿悟吓到，有就有，别否认，接受它，恭喜你。

第三，持续历练，让大智慧成为身心的一部分。即使人有顿悟之后，有可能也是一过性的，不是一直在的。人可能忘记，可能还会迷惑。怎么办？继续渐修，一日不做，一日不食。该睡觉的时候睡觉，该吃饭的时候吃饭，该做本职工作的时候做本职工作。

在渐修路上顿悟，比什么都不做，躺着、等着顿悟砸到你脑袋上，要靠谱得多。

绝圣弃智：警惕过分美好的言论

追求形式和理论，是管理大忌。
警惕过分美好的言论，警惕小聪明和权谋。

第十八章

大道废，有仁义；慧智出，有大伪。六亲不和，有孝慈；国家昏乱，有忠臣。

大道荒废了，个人的仁义才被社会提倡；社会上都是聪明人，虚伪诈骗的事情就多了。家庭不和睦，孝慈的重要性就体现出来了；国家陷入混乱状态，忠臣就脱颖而出了。

第十九章

绝圣弃智，民利百倍；绝仁弃义，民复孝慈；绝巧弃利，盗贼无有。此三者以为文不足，故令有所属：见素抱朴，少私寡欲，绝学无忧。

放弃追求“圣”、放弃推崇聪明的治理模式，百姓能收获更多的利益；放弃对仁、义的追求，百姓就会回到家庭和睦、尊亲重老的生活；放弃巧诈、逐利的行为，盗贼就会消失。就治理国家来说，这三句话还不够，还要百姓对国家有归属感、认同感，崇尚本真、坚守淳朴，减少私心和欲望。

第三十八章

上德不德，是以有德；下德不失德，是以无德。

上德无为而无以为，下德为之而有以为。上仁为之而无以为，上义为之而有以为，上礼为之而莫之应，则攘臂而扔之。

故失道而后德，失德而后仁，失仁而后义，失义而后礼。夫礼者，忠信之薄而乱之首。前识者，道之华而愚之始。是以大丈夫处其厚，不居其薄；处其实，不居其华。故去彼取此。

高级的德性，不拘泥于德的形式，所以是“有德”；低级的德性，总是要努力维持住德的形式，其实是“无德”。

高级的德性，自然无为，也不依赖外在形式；低级的德性，刻意去做，都做在了表面。高级的仁，有所作为，不在乎形式；高级的义，有所作为，有着明确的意图；高级的礼，做了后得不到大家的回应，就会伸出胳膊强迫大家服从。

所以啊，失去了道才强调德，失去了德才强调仁，失去了仁才强调义，失去了义才强调礼。一个社会推崇礼，说明这个社会的忠、信淡薄，是社会混乱的开始。实践上面这些好听的词，不过是在道的表面装饰花朵，实际是愚蠢的开端。所以一个成熟自立的人，坚守敦厚的根本的道，不追求外在形式；牢牢把握道的内核，再追求表面的花哨漂亮。所以要抛弃形式，坚持内在。

这一课的内容多一点。

第一，大家对老子有许多误解，现在我们要讲讲老子提出绝圣弃智的历史背景，也讲讲老子之所以能引出这么多的歧义，到底是由哪些误解产生的渊源。

第二,一个看问题的角度——本质往往与现实不相同，有时候甚至相反。

第三，道、德、仁、义、礼在老子心中的顺序，以及他这种排序背后深层的原因，这种排序的底层原因。这些字，现在掰扯它们的差异和相同，意义不大，但是老子排道、德、仁、义、礼的顺序背后的原因，今天值得拿出来再看。

第四，设规矩应该有个度，不要过度，经营公司、管理公司更是如此。

第五，大词、好词跟大型建筑、大型工程、大理论类似的地方是，背后是空洞的，有风险。

第六，朴素并不妨碍创新，朴素反而是创新最好的土壤。

一、“绝圣弃智”是不用小聪明

《道德经》的一些词，跟我们现在汉语的含义是不一样的。比如，老子讲的“笨”，其实是本分，老子讲的“智”，其实是现在讲的小聪明。

老子提出“绝圣弃智”的历史背景，是周礼崩坏的春秋战国时期，权力格局发生了巨大的变化，“礼乐征伐自天子出”，变成了“礼乐征伐自诸侯 / 大夫 / 家臣出”。

周朝末年，周天子实际控制的地方已变得非常狭小。他还是天下的共主，但是大诸侯国已经不把他放在眼里了。虽然如此，诸侯的任命仍然必须通过周天子，而且是世袭的。

直到发生了三家分晋。赵、魏、韩把晋国瓜分了，把自己都当成了诸侯，周天子也就此认了，社会制度发生了翻天覆地的变化。

老子看到了周朝末期的礼崩乐坏，周围的人都在拼命用权谋来尽快获取短期利益。周礼就成了虚伪的形式，老子主张抛弃这种制度。

二、看穿现象，缺什么才吆喝什么

本质往往与表现是相反的。

“大道废，有仁义；慧智出，有大伪。六亲不和，有孝慈；国家昏乱，有忠臣。”

大道废了，大家开始想歪门邪道。歪门邪道还得用更好的名字来包装——“仁义”就出来了。

如果大家都老老实实做个“笨小孩”，做自己分内的事情，不强调智慧，不强调捷径，不强调权谋，就没有人会作假。但是有人偷工减料了，有人伪造了，有人频繁走捷径，天下出现了大量的假货、大量的伪君子。

一个地方如果总在强调“孝”，强调“慈”，你会发现这个地方正是因为没孝没慈，正因为六亲不认，才会这样。如果遍地都是“孝”，都是“慈”，没有人会强调了。

同理，国家昏乱才会提倡忠臣，如果国家不昏不乱，所有人都是忠臣，那谁还提倡？

老子并非反对孝慈、仁义，而是提出了一个看问题的角度，一个透过现象看本质的角度——本质往往与现象是相反的。越缺什么，什么东西越被重视。在一个企业里，提倡大家简单、坦诚、阳光，往往因为不简单、不坦诚、不阳光的人和事太多了。

如果在公司里，董事长天天号召大家无私奉献，不要想自己，要想着公司，有了公司才有了大家；不要老想你现在挣多少钱，要想着未来你有多么大的成就，要想自己能够贡献给公司多少……这样的公司肯定不是好公司。

三、上桌顺序，别太看重

对于道、德、仁、义、礼的排序，其实重点不在排序，而是在老子排这个序背后的原因和思考。

“故失道而后德，失德而后仁，失仁而后义，失义而后礼。夫礼者，忠信之薄而乱之首。”

如果是明白成事之道、成事之德的人，清楚做事的基本原理，就不用反复讲仁义礼智信。如果一个组织开始强调这些细节，就说明这组人大概率是缺德的。基础不厚重，重点拎不清，关键的事不能本分地做好，才是“乱之首”。

管理者应该看重实质，而不是拘泥于表面形式。当大家都不忠于事了、不信于人了，就会开始搞一些虚头巴脑的事情。比如各个桌上的顺序，酒桌、牌桌、会议桌，似乎是所谓“礼”。到了这个份儿上，大家还有心思去想事该怎么干吗？

四、规矩太多，企业难活

管理公司，设规矩应该有个度。没有规矩不行，规矩太多也不行。规矩太多造成三个问题：

第一，太有仪式感，造成形式主义。开会张三说完李四说，李四说完王五说。张三那天不想说，李四迟迟不说，王五绝对不说。注重论资排辈的企业，往往没有活力。

第二，礼数太多，会让人假公济私，降低效率。只要有规矩，就会有人解读规矩、执行规矩，以及如果有人的所作所为不符合规矩，要有相应的惩罚，这就给了一些管理人员假公济私的机会。

第三，某些规矩细看都是问题，实际上无法实施，还让有创意的、生动的、美好的东西冒不出头来。谁说年岁越大，职位就该坐得越高？谁说不到三十岁就不能做公司高管？

五、警惕大词，背后往往是风险

大词、好词往往是空的，空意味着风险，给人浑水摸鱼的机会，总讲大词会让人背离扎实做本职工作的心。

企业管理绝圣弃智，是让人把足够的精力用在关注最基本、最正确、最核心的事情上。不讲故事，不求花里胡哨的东西，就问你：该做的事情做了没有？该落实的事落实了没有？

绝圣弃智可以把一些佞臣的上升之路堵死。所谓佞臣，就是在管理上特别想出人头地、异想天开、哗众取宠、喜欢翻花样的人。这些人不负责一张损益表，不带人扎实做业绩，只喜欢大词创新，“理论”创新。这类人对管理的损害相当之大。这些人其实是会迅速被 AI 最先取代的人，看上去在做脑力劳动，其实在滥竽充数。

把这些人屏蔽，可以更好地保住一个公司的基本面。

有些所谓“智慧”，是没有说成有，有一说成十，有十说成一万。在许多公司，老板们会拿各种“大词”忽悠员工，说得慷慨激昂，目的是让员工奉献时间和精力，不给实利。普通人，更要警惕这些“大词”。从普通人的角度，老子也是站在“韭菜”的角度，保护韭菜不被收割。

六、以理论为荣，是管理大忌

管理者应该安于朴素靠智慧，要靠大道，而不是靠一些奇思怪想。以理论为荣，是管理的大忌。

老子不是反对推陈出新，而是说，如果创新、朴素只能二选一，那还是宁可朴素、本分、少事。

大到企业管理，小到个人成长，如果你真能做到清静无为，把基本的事情做好了，真知灼见和好创意会自然而然地发生，大家也会自然而然地接受。

所以，如果管理者有能量，应该把它用在无为上，给一线员工的创造力、积极性撑出一片保护伞，远远强于领导者一个人要宝。

天道无亲：

如何让大道持久地站在我们这边

天道从不偏爱谁，
好人能用，坏人也能用。
你正心向道，道才会向你。

第六十二章

道者，万物之奥，善人之宝，不善人之所保。

美言可以市尊，美行可以加人。人之不善，何弃之有！

故立天子，置三公，虽有拱璧，以先驷马，不如坐进此道。古之所以贵此道者何？不曰以求得，有罪以免邪？故为天下贵。

道啊，是万物运行的最核心的奥秘，是好人的宝贝，不好的人依靠它也可保全自身。

美好的语言可以用于社交，好的行为可以使自己超越他人。人都是不完美的，怎么能抛弃道呢！

所以，无论是在天子登基的典礼上，还是在任命三公的仪式上，虽然有奉献玉璧、驾车游行等等，都不如献上道。古时候为什么这么珍视道？不就是因为道可以让你成事、让你免于灾祸吗？所以道被世间人珍视。

第七十九章

和大怨，必有余怨，安可以为善？是以圣人执左契，而不责于人。有德司契，无德司彻。

天道无亲，常与善人。

调解大的怨恨纠纷，即使和解了，必然也会心存余怨，

好人用的是道坏人用的是道的反面

冯唐

怎么做才是最好的呢？所以，有道的圣人，虽然手拿债权契约，不去逼人偿债。有德性的人掌管契约但不追讨，没有德性的人像收税员那样斤斤计较。

天道不会偏爱谁，但通常会站在善人这边。

这两章，有三点很关键：

第一，“道”好人可以用，坏人也可以用。

第二，“道”不只是帮你做增长的，在管理上，管理之道也是帮你去减少灾祸，降低风险的。

第三，天道不一定有善恶之分，但是如果你积德性善，天道对你会比对非善人、对坏人、对不善良的人要更好一点。

一、道无善恶，只是不走邪路

“道者，万物之奥，善人之宝，不善人之所保。”“道”无善恶，就像所有东西一样，像吃的、喝的、一片药、一件衣服，是所有人都能用的。好人能用，坏人也能用。

正道用得多，坏人也能成为好人。

“道”用英语讲就是 way——道路、途径、做法，不同人使用“道”结果会不同；“德”就是 virtue——品德，“道”只有在有德的人手里才能创造更大的价值。

好人用的是大道、正道，用的是宇宙真理，慢慢地就会变成一个更好的人。坏人用的是“道”的反面，是人性恶、人性暗。大道本身虽然无善无恶，但它是反对阴谋、反对邪路的。

但如果坏人开始用正道，做久了，他可能也会变成一个好人。因为他会看到，走正道、用大道比他原来走邪路好。过去有句话说“作之不止，乃成君子”，你开始是装，但你装久了，那你装出的模样就成了你自己。

宁可做个笨小孩，也不要做所谓小聪明人。不要迷恋奇技淫巧，不要总是花里花哨。用大道，你会更有力量，也就没有必要再去走邪路。

二、干偏行也得领悟“道”

很多干偏行也能做得非常出色的人，他们的行为方式其实也是暗合大道的。

这些人如果改走正道，也可以成事，也可以挣钱，所谓“放下屠刀，立地成佛”，就是这个意思。

《庄子·外篇·胠箧》中讲，有个强盗头子盗跖，用儒家思想走向抢劫巅峰。

“夫妄意室中之藏，圣也。入先，勇也。出后，义也。知可否，知也。分均，仁也。五者不备而能成大盗者，天下未之有也。”

我以我的头脑能预判出屋里藏了什么，我还能猜对，我是圣人啊。我先于同伴进入这个屋子，我是勇敢的。别人都走了，我最后走，我是仁义的。我能知道这个屋子能不能进、能不能抢，说明我智慧。我们大秤分金，分得公平，没有人说我偏心，没有人说我贪婪，这是仁义。

“五者不备而能成大盗者，天下未之有也。”

“圣、勇、义、知、仁”这些大儒都具备的素质，如果你不能具备，你成不了大盗。

掌握“道”为先，好方法用多了，必然就会成为一个能干的人。如果不懂“道”，哪怕你想当个大盗，都不见得能成。

三、明大道，降风险

“不曰以求得，有罪以免邪？”

大道、成事之道，只是为了获取吗？不，“道”不只是帮你做增长的，管理之道也是帮你去减少灾祸的，降低风险的。

增长、发展用大道，争市场份额、拿新客户、推新产品时用大道没问题。但是在“得”之外，还有一个巨大的用处，就是躲避风险。

因为明大道会让你知进退，会让你懂得要守住自己最根本的东西。不要去做那些有的没的、花里胡哨的事，不要走捷径，不要玩阴谋。你不碰这些，风险自然小了很多。

四、走正路，道才会站在你这边

“天道无亲，常与善人”，天道不一定有善恶之分，天道不一定会总站好人；但是如果你积德行善，如果你内心善良，如果你躲开歪门邪道，想做个善人，你会发现天道对你会比对非善人、对坏人、对不善良的人要更好一点。

从短时间看，从一点一滴、一时之得失上看，你会发现无德者、坏人有可能得到结果的概率大。但是，“风物长宜放眼量”，时间轴稍微拉长一点，从五年、十年，用半生、一生的时间长度去看，你会发现，积德的人、常常按着大道做善事的人往往会获得的更多。天道“常与善人”，但前提是善人要做时间的朋友，要持续地积德、行善、走正路，用大道做好事。

当一个人 ego（自我）不大，想的只是持续成事，慢慢地，信任他的人就会越来越多，自然收获也会越来越大。

信言不美：管理不是天花乱坠

管理从来不是，
也不应该是天花乱坠的东西。

第八十一章

信言不美，美言不信；善者不辩，辩者不善；知者不博，博者不知。

圣人不积，既以为人，己愈有；既以与人，己愈多。天之道，利而不害；圣人之道，为而不争。

真实可信的话不好听，好听的话不可信；好人不会夸夸其谈，夸夸其谈的人没安好心；有智慧的人不会什么都懂，什么都懂的人实际上没有智慧。

掌握道的人不会为自己攒存东西，他把东西给别人，自己会获益更大、更多。全部给别人，自己更加多。天道，养育万物而不伤害它们；圣人的道，只做事不争抢。

第三十五章

执大象，天下往，往而不害，安平泰。乐与饵，过客止。道之出口，淡乎其无味，视之不足见，听之不足闻，用之不足既。

掌握了“大道”，所有人都会会聚而来，来了后也不会对你产生伤害，平安祥和。音乐和美食，可以招徕顾客；道说出来，是淡而无味的，看它也看不清楚，听它也听不清楚，但道是用之不竭的。

这一课有三个重点：

第一，言辞不需要华丽，越朴素简单越好。

第二，大道是淡的、是无味的，不是精彩的、天花乱坠的东西。但是用之不竭，不用它也一直在那里。同样，管理不是天花乱坠的东西，管理是很朴素、很实际的。

第三，大道它不乐呵、不出奇、不丰富，但是大道是能吸引天下人的。当天下人明白你手上有大道，“桃李不言，下自成蹊”，会来到你的身边，会用你的服务和产品，会加入你。

一、听言语，识人辨才

“信言不美，美言不信”是看待世界的一个重要角度。

一个人能言善辩，懂得多又会说，知道怎么煽情，怎么抓住人的注意力。你反而更要谨慎对他。

真话往往不漂亮，真有智慧的人不夸夸其谈，不用华丽的辞藻显得自己什么都懂。反过来也一样，有些话并不漂亮，但不影响它们是真知灼见，不要忽视它们。“善者不辩，辩者不善”，有些人的能言善辩，只是善于利用事实的不足，选取某些事实来论证他的观点，善用逻辑找到你语言中的逻辑漏洞。他们可能不是为了事情而辩，而只是善于通过辩论胜出。反之，有些人不善辩论，就用一句做结论时，不一定没有真知灼见，他们只是不想辩论而已。

“知者不博，博者不知”，真正的“知道者”承认自己的不知道，而认为自己全知的人，都是不知道的人。

二、成事者自我检验三要点

“乐与饵，过客止。道之出口，淡乎其无味，视之不足见，听之不足闻，用之不足既。”特别吸引人的，不见得是正确的东西。大道、大象可能很淡，让人看不太清楚，听不太明白，但是它就是在的。为什么普通人总是会对不该关注的人和事特别感兴趣？这其实是人性和吸引力问题。

管理不是天花乱坠的东西，核心道理就是那么几条。听上去都是老生常谈，但真理往往就是这么朴素。真理会因事因人而变化，其实取决于何时何地，谁跟谁说。说的人、说的时间、说的场合错了，这句话没有变，但就是错了。

一个真正的成事修行者，光是有成事之道、成事之德还不够，还得在事上磨，在每一种具体情景中，能不能应用这些真理。

所以，一个真正的成事者，要经常用这三点来检验自己：

第一，在对的时候说对的话。

第二，在对的时候持续成事。

第三，在不同场景、不同阶段灵活用好管理之道。

管理大道一直都是朴素的，是广泛适用的。而花里胡哨的人和事，从来都不应是我们的追求。

无论生活是否
精彩，都要守住
它

冯唐

三、人只会追随有道的人

大道很朴素，大道会产生的效果也非常简单——“执大象，天下往，往而不害，安平泰”。

一旦你掌握了大道，会出现什么现象？天下都会来找你，不是来找你算账，是来围在你身边，希望加入你的团队，希望用你的产品，希望用你的服务。在这种情况下，希望你不要担心，你可以扩大自己的规模，要踏踏实实地、理直气壮地卖自己的产品、卖自己的服务。因为这些用户、这些“天下人”归附你，用你的产品，加入你的团队，用你的服务，对他们来说没有任何坏处；他们因为你、你的公司、你的产品、你的服务，因为这些存在，日子过得更好，他们的世界因此变得更美好一点。

成事无大小，你说你性别男，爱好逐鹿中原，没有中原可以给你去逐鹿，你只能杀只鸡，只能烙个饼，大道就跟你没关系了吗？不是的！用我个人亲身经历告诉你，真正掌握大道、掌握大象的人，有机会“得志行天下，不得志独善其身”，自己做个小买卖，带个小团队，甚至管好自己，都是可以用到的。所以说成事无大小，有了大道，有了大象，各种事，无论大小，你都有可能做得好。

假如一个人能成为全家烙饼烙得最好吃的人，全家就会跟着受益。如果一个人能成为一条街上咖啡冲得最好的人，一条街甚至隔壁几条街都能够受益。如果一个小组长能把事情做好，一组人就跟着受益。一个霸道总裁能够掌握成事学原理，掌握成事之道、成事之德，他一定能带着公司、带着公司所有人走得越来越远。

貞

组织篇

处无为之事，行不言之教

治大国若烹小鲜

生而不有，为而不恃

去甚、去奢、去泰

不敢为天下先

大直若屈，大巧若拙

柔弱胜刚强

知其白，守其黑

大器晚成

知止可以不殆

无为而治：管理的最高境界

无为而治，看似理想化，其实可以通过学习和演练做到。

第二章

天下皆知美之为美，斯恶已；皆知善之为善，斯不善已。

故有无相生，难易相成，长短相较，高下相倾，音声相和，前后相随。

是以圣人处无为之事，行不言之教。万物作焉而不辞，生而不有，为而不恃，功成而弗居。夫唯弗居，是以不去。

世间人都知道美的标准，于是丑就诞生了；都知道善的标准，于是恶就诞生了。

所以，有、无是相互生成的，难、易也是相对而言的，长、短是互相比较出来的，高、下是互相衬托出来的。多种声音相互交织，在前的人和在后的人彼此跟随。

所以，有道的人用无为的方式来做事，用行动而不是言语教导人们，抚育万物繁茂生长而不干预，创造而不占有，做事而不认为自己能耐，成功了也不居功自傲。正因为不居功自傲，所以事业能长久。

第二十九章

将欲取天下而为之，吾见其不得已。天下神器，不可为也。为者败之，执者失之。

故物或行或随，或歔或吹，或强或羸，或挫或隳。是以圣人去甚、去奢、去泰。

为了获取天下而努力的人，我看他不一定能实现目标。天下是个神圣的器物，不可强干的。强干的人会失败，用蛮力管控天下的人最终会失去它。

天下万物，有的引领有的跟随，有的舒缓有的急促，有的强有的弱，有的成长有的堕落。所以有道的人去除极端、奢侈、过分。

关于“无为而治”，我认为有五个关键点：

第一，“无为而治”是什么意思？是“躺平”吗？当然不是。

第二，“天下皆知美之为美，斯恶已”，如果所有人都趋向一个方向，是会出问题的。

第三，“是以圣人处无为之事，行不言之教”，真的圣人，好的成事者，不是慌慌张张的没头苍蝇，不是说很多漂亮话，却做有的没的的事情的人。

第四，“天下神器，不可为也”，有些理想，其实不是理想，而是妄想。“天下神器”是不能乱碰、不能乱改的。

第五，“去甚、去奢、去泰”，不要极端，不要奢侈，不要过分。

一、真正的无为而治

无为，不是无所作为，不是“躺平”，不是站桩，不是待着不动，而是顺应规律去做事。你要去做最关键的、最重要的事情，不要去做那些有的没的的事，不要过度发散，过度衍生。

管理者要想做到“无为而治”，就需要认识到事物发展的必然规律，在合适的时机，用合适的方法，做该做的事。

认识哪些规律呢？自然规律，社会规律，公司运营规律。

日常工作生活如何做到“无为而治”？

第一，顺势而为，效率更高。

不懂规律的人解牛，用的是蛮力；而庖丁解牛，是按照牛的身体规律，在骨和肉之间的缝隙里走刀。牛被解，刀不伤，人提刀而立，是真正的游刃有余。

每个行当、每个具体的事物都有大道，有规律，你只能通过学习、训练、实践去掌握。

另外一个例子，就是成事学重要的组成部分——金线原理，即面对一切复杂问题，以假设为驱动，以事实为基础，达到有逻辑的真知灼见。

第二，将错就错，给他人成长的机会。

管理者对下属的“无为而治”，是不包办一切，是不指手画脚。

比如，你明知道下属某个做法是错的，但你跟他讨论两三次没有结果，这个时候，所谓“有为”就是强制执行，或者你撸起袖子自己下场去干，或者强摁他头说：“你必须这么干，一、二、

三、四……”

这种情况下，“无为”是怎么做？在可以接受的范围内，你让他去犯错，从犯错中学到他做事不当的教训。他亲自犯一次错，比你“有为”地说教一百遍管用。

教育也是一样，让孩子在实践中去领悟，比你唠叨他千百遍要管用。

需要注意的是，用无为的方式，你要先摆明你的态度：这种做法你不同意，讲清什么是正道、正见、常识之后，再让他去犯错，到时候他就能更明白自己错在哪里。下一次，他听你的可能性会大大增加。

第三，相信时间，尝试放手和等待。

俗话说：“不聋不瞎，不配当家。”多数情况下的多数事，你可以不管。有些东西你听到了，但是要告诉自己“我没听到啊”。有些东西你看到了，但是要告诉自己“我没看到啊”。

水至清则无鱼，人至察则有风险。如果不是大问题、大风险，睁一只眼闭一只眼，过去就过去了。公司里有人搞点办公室恋情，不影响工作，让他去吧，男女搭配，干活不累。

我曾经上医学课使用的经典内科著作《西氏内科学》，这本书开章明义地讲，80% 的病症可以不治而愈，80% 的病症可以自愈。

我见过很多患者，特别是女性患者，总怀疑自己生了病。一旦有了这种心理，人被过度医疗的可能性直线上升，可能没病变成有病，小病变成重病。这时候所谓无为而治，是通过学习、了解，意识到你的病症是否属于那可以自愈的 80%。

无为而治背后的逻辑不是什么都不做，而是通过认真学习、演练，才能做到“无为而治”，离开人性的愚蠢之处，和大道走得更近。

二、你认为的美真的美吗

“天下皆知美之为美，斯恶已；皆知善之为善，斯不善已。”

美与丑、善与不善是相对变化的。世界就是有美也有丑，不要硬把丑的变成美的。世界就是有善有恶，不要硬把恶的变成善的。承认差异，尊重世界多样性，尊重物种多样性；顺着差异做事，不要逆势而为，不要硬把差异抹平，这又是无为的另一种表现。

有时候似乎你有一颗好心，想要“有为”地把丑的变成美的，要把恶的变成善的。你的风险是你可能认错了标准，设错了目标，你认为的美真的是美吗？你认为的善就真是至善吗？就好比你把鱼放生，扔进池塘里，鱼真的能活吗？

三、无为最难为

“是以圣人处无为之事，行不言之教。”不要硬来，顺势而为，用行为教人，不要总是用说的。

与道合的时候，你是对的，效率是高的。与道不合的时候，你

太多成功人士
总是在道的面前
过分骄傲

冯仑

就是错的，就是浪费的。

但这对某些霸道总裁、职业经理人是有难度的。霸道总裁杀伐占取，逐鹿中原，爽啊！越困难，越霸道，越爽！但这不是解牛的庖丁，而是拿把大砍刀硬上的“二货”。我开玩笑说“放下二货素质，享受无为人生”，其实意思是放下跟大道、跟成事之道相反的东西。

为什么很多人做不到不硬刚？因为他们做不到“不要脸”。总认为硬刚才是真汉子。但是至柔胜至刚，这是大道。

人的能量应该用在控制自己，说服自己上。当人不再硬来的时候，道才能跟人合二为一。达到这种境界，能量会产生更大的效果。

教人，你当着对方面自己做一遍，产生的教育效果强于你说十遍。培养下属、教育孩子都是如此，以身作则胜过唠叨。如果你希望孩子出门不要磨叽，那你自己先拿好手机、钥匙、钱包，穿上鞋，一声号叫，迈出门去。

四、凭运气挣的钱，要凭本事持续挣

“天下神器，不可为也。为者败之，执者失之。”天下就是世界，天下是一种神器，不可把握，不可见，不可识，不要妄想你做它的主宰。世界不在你的掌握中，你不是世界的中心，世界不围着你转。一定要意识到，你只能顺势而为，跟着世界的规律去走。

王莽篡权变法，企图用个人的理想化想法、个人意志，去改变整个社会形态，大踏步走进理想时代，结果弄得一塌糊涂。

跟人性作对，跟自然规律抗衡，跟大道相反，走不长的，没有人成功过。理想越大，干劲儿越足，反而错得越多。

对于企业的启发就是，不要总想着战胜经济规律。规律就是规律，不是拿来战胜的，规律是拿来遵守的。人不要总想着使蛮力可以成功，总想着尽我全力就可以站到泰山之巅——不要去做这些超越社会运行规则的事情。不要逆形势、规律而行。应该“或行或随”，顺势而为，事半功倍。

常常有人问：“冯老师，你每次跨界做得都很成功，你是不是有不世出的能量？”我说：“不好意思，我就是个普普通通的人，我无非承认大道、学习大道、遵守大道、实践大道。跟天赋无关，跟百分之二百的努力也无关。”

太多成功人士在“道”的面前过分骄傲，觉得人定胜天。其实无非是胜的时候，你偏巧站在了大道这一边，你偏巧按照大道去做了，老天就在帮你。天命一撤，你拍脑袋硬刚，要做一些事情，那就站在失败的边缘了。你凭运气挣的钱，这回因为你不懂大道，不尊重大道，不按大道去做，凭本事都输了。

五、不要过分，不要折腾

“去甚、去奢、去泰”，去掉太过分的东西，哪怕它是好东西，是你擅长的东西，是你喜欢的东西。不要过分，不折腾。

老子讲“去甚、去奢、去泰”，孔子讲中庸。在充满诱惑的世界里，人最容易做的是顺着人性，要，还要，又要。但这不对。在这点上，老子、孔子的意思是一致的。过分地执着，劈你的雷已经在路上了。

大成若缺：

追求完美是条弯路

完美主义，往往是成事的大敌。

和光同尘，才能拿到更好的结果。

第四十五章

大成若缺，其用不敝。大盈若冲，其用不穷。大直若屈，大巧若拙，大辩若讷。躁胜寒，静胜热，清净为天下正。

最完美的东西，看起来总像缺一块儿似的，这个“缺”的用处没有枯竭；最丰盈的东西，看起来就像空的一样，这个“空”的用处没有穷尽。最直的东西看起来像有曲线，最巧妙的东西看起来笨笨的，最会辩论的人看起来像结巴。运动克服寒冷，清静去除燥热，用清静无为治国，天下安定。

第四章

道冲，而用之或不盈。渊兮，似万物之宗：挫其锐，解其纷；和其光，同其尘。湛兮，似或存。吾不知谁之子，象帝之先。

道是空的，而用之不竭。它像深渊一样，又像万物的源头。磨掉尖锐的东西，化解内部的纷乱，收敛光芒，和尘埃混同。深渊微妙啊，若存若无。我不知道它来自何处，它似乎在天帝存在前就有了。

大家都喜欢完美主义，至少有追求的人都喜欢完美。但是完美主义往往是成事的反面，往往是成事的敌人，往往是大道所不允许的。

这一章重点就讲我们如何理解完美主义：

第一，“大成若缺”与完美主义，完美主义恰恰是不完美的。

第二，“大直若屈，大巧若拙，大辩若讷”，咱们举几个例子，结合管理的实际场景，说一说为什么从某种追求的反面出发能够得到这种追求本身。你想追求大巧，有可能你要拙一点；你想追求绝对公平，有可能你要受一些委屈；你想让其他人接受你的观点，有可能你要少说一点，不要整天去辩论。

最后，我们理解一下和光同尘。和光同尘是同流合污吗？和光同尘对于我们一个有风骨的、有追求的成事修炼者意味着什么？我们如何跟这个世界和解，按什么态度跟这个世界去和解？

一、大成若缺：不要追求完美

我从不提倡完美主义。

不存在完美的问题解决方案，但在一定资源范围、一定时间限制内，任何复杂的管理问题都有一个最佳方案。最佳方案不等于完美方案。

天地皆残，何况万物。“大成若缺，其用不敝。”“大成”是站在宇宙、站在全局的角度，看到一切是完美的。“若缺”是站在人类、站在局部的角度，看到具体事物的不完美。

不完美是必然的，人类要接受不完美这个现实，站在更高维度，去超越追求完美的人性桎梏。

道教有个很有名的人物，丘处机。有个地主盖了一处新房，请丘处机去看看这房子。在地主眼里，这房子已经很完美了，但他想请大师再看看有什么不妥的。丘处机拿出拐杖，找最大、最漂亮的一处窗子，把这个窗户敲破了，他说："完美，不吉。"太完美的事情不吉利，一定要留出破绽才是最终、最好的保全的方式。

如果你看到一件事很完美，要警惕，多数有陷阱。遇到一个十分完美的人，很有可能是骗子。

二、大直若屈：管理是委屈的艺术

在日常管理工作中，要把遗憾当成日常，把涌现的各种问题找不到完美答案当成日常。甚至，还要习惯经常受些委屈。

第一，管理需要平衡。要维持平衡，每个人都或多或少要受委屈。

公司、团队里的任何个体、任何一方也不可能得到所有的资源、所有的光环，哪怕能力最强。因为这样分配，其他人就会受委屈了。

霍去病作为西汉的战神，汉武帝极其喜欢他。每次打仗，汉武帝都让霍去病先挑队伍，先挑武器和战马，把最能够建功的机会、最好的资源都给霍去病。所以，霍去病用最好的兵、最好的马，打最容易显示军功的仗。汉武帝这样做，其他将领不会觉得委屈吗？

第二，想让大家少受委屈，就要基于战略进行业绩管理。

既不要孤芳自赏
也不要同流合污

马凯

做出属于集体的制胜战略，按照战略分配资源，严格去执行。在合理的安排下，做出成绩要给予奖励。在资源分配上，看似很多人都有委屈，但站在公司层面上，大家相对委屈最少。

第三，业绩不向辛苦低头。

“大直若屈”，在公司文化里，不要让情绪价值、不要让辛苦的权重大于业绩。否则的话，你就会看到很多人说：“我好委屈好辛苦！我没有业绩，还没有苦劳吗？”

这也是为什么我不喜欢秦皇汉武这类雄主，因为他们太不想委屈自己了，用尽了前朝几代积累的资源，也透支了后世几代可能创造的价值。

我更喜欢汉文帝、汉光武帝这样“缝缝补补”的皇帝，不折腾，能受委屈，自己不要那么多，周围的团队也都不能占那么多，一起让业绩说话。

三、大巧若拙：真知灼见胜过能说会道

“大巧若拙”，就好比字画，要变得复杂很容易，要变得简素、自然反倒很难。

“侘寂”其实是一个从中国传到日本的概念，具体是什么呢？

第一，简素。颜色上能少就少，形状变化上能少就少，装饰上能少就少。

第二，实用。不能赏心悦目，不能让身体、灵魂舒服的东西，

不能产生好感触的东西，其实都不是侘寂。

自然。侘寂与自然之物异曲同工，不一定有人工之精致，但一定有自然之美。

第三，允许。接受不完美。不管是因为使用而有了残缺，还是因为时间流逝而出现了残缺，都要允许和接受。

什么是“大辩若讷”？真知灼见胜过能说会道。

你的目的是把事做成，不是为了辩论成功。所以，不要迷恋那些辩论的技巧，而是把最重要的事实有逻辑地、清清爽爽地告诉你想说服的人。他没听懂，就给他多说几遍。

四、和光同尘，包容共存

“挫其锐，解其纷；和其光，同其尘。”道，挫万物的锋芒，调和万物的纠纷，让一切达到平衡、和谐。

和光同尘，最简洁的阐释就是包容。

当你自己变得越来越强时，你面对跟你不同三观、不同做事方法的人，你怎么看？

屈原很有风骨，宁愿跳江也不愿意被世界的污浊所侵染。这是一种极端。另一种极端是，世界如此污浊了，我只能“被迫”同流合污。

作为一个管理者你要避免两个极端，如果你像屈原一样孤芳自赏，你会用不好自己、用不好团队，如果你选择同流合污，你的企业、团队也根本无法长远发展。

一个“和光同尘”的管理者，要用好自己、用好团队，打造出一个好的氛围，让光、尘与你的团队同在。

从个人角度，你要和大家打成一片，不要受差别心的影响。大家都有毛病，“人无癖，不可交”，如果一点毛病都没有，这个人不是假人，就是坏人。我们都有毛病，但是我们可以互相包容，互相欣赏，一起成事。

五、让 KPI 冲突的人和平共处

怎么让一群人和平共处，特别是大家的 KPI（关键绩效指标）有冲突的时候？

一个公司有前台、中台、后台，他们的 KPI 有时候是冲突的，解决方案就一个核心词——战略。

管理者只从一个部门的角度看，就像是盲人摸象。管理者要既见树木，又见森林。要做好总体战略，要分好工。把最重要的两三个 KPI 是什么，以及如何达成，跟大家说清楚。要让大家理解到，真正的公平，意味着有可能每个人多多少少会委屈。

任何管理困境、管理难题、管理方案都是不完美的，任何人都是不完美的。

在具体管理工作中，你所追求的跟你所表现的，很多时候从表面上看可能并不符，但实际上是非常相配的。比如，你想创造很好的业绩，做出很好的艺术品，有可能你的战略举措并不那么漂亮，而是扎扎实实、简单朴素。你想说服某些人，有可能表现得很木讷，但你已经把重要事实以及真知灼见用最简单的逻辑说清楚了。

接受大家的不同，让每个人都能发挥优势，一起拿到最好的结果。和光同尘，让我们在世间活得潇潇洒洒。

我有三宝：
做好组织、财务、战略的秘籍

成事三宝：组织、财务、战略，
是管理中最重要的武器。

第六十七章

天下皆谓我道大，似不肖。夫唯大，故似不肖。若肖，久矣其细也夫！

我有三宝，持而保之：一曰慈，二曰俭，三曰不敢为天下先。慈，故能勇；俭，故能广；不敢为天下先，故能成器长。

今舍慈且勇，舍俭且广，舍后且先，死矣。夫慈，以战则胜，以守则固。天将救之，以慈卫之。

世间人都说我的道非常大，没有东西能和它相比。就是因为大，所以它不像其他任何东西。如果像某个东西，它早就微不足道了。

我有三件宝贝，始终持守着，很珍惜：一是慈，二是俭，三是不敢争先。因为我的仁慈，所以百姓勇敢；因为我的俭朴，所以治理的地域能广大；因为我不争先，所以能够成为领导者。

现在有的人舍弃了“慈且勇”，舍弃了“俭且广”，舍弃了“后且先”，离死不远了。慈，用在冲锋上就会赢，用在防守上就会稳固。老天庇护的人，就用“慈”来保护他们。

第七十三章

勇于敢，则杀；勇于不敢，则活。此两者，或利或害。

天之所恶，孰知其故？是以圣人犹难之。

天之道，不争而善胜，不言而善应，不召而自来，绅然而善谋。天网恢恢，疏而不失。

勇表现在什么都敢干的人，这人会死；勇表现在不敢、谨慎的人，这人就会活下去。这两种行为，后者有利，前者有害。老天讨厌前者的原因，又有谁知道呢？即使有道的人也说不清楚。

天道，不争不抢但总能赢，不说话但善于回应，不召唤万物，万物自动奔来，不动声色但早已做好规划。天道像一张巨网，网眼宽大，但笼罩一切，没有遗漏任何事物。

这一课讲讲武器，管理中最重要的武器。我们总说大道有点虚，这次挑一些具体的管理工具教给大家。

第一，我们讲三件工具——“我有三宝，持而保之：一曰慈，二曰俭，三曰不敢为天下先”。组织、财务、战略，就是冯唐的成事三宝。

第二，给大家讲一讲在日常管理中很重要的一个降低风险的工具——“不敢”。“勇于敢，则杀；勇于不敢，则活。”你用“不敢”这一个词，两个字，去考虑风险，多数的大风险你都能避过。

第三，“天网恢恢，疏而不失”，这句话给你提示的是你的管理风格、你的制度风格应如此。在管理中，不要设那么多的规章制度。只要你的企业文化、企业大的 KPI 树立好，“天网恢恢，疏而不失”。

一、组织、财务、战略管理三宝

佛教有三宝：佛、法、僧。道教有三宝：经、师、道。老子也有三宝：慈、俭，不敢为天下先。

“不敢”是降低风险的重要管理工具。管理，通过管理创造价值，通过经济运营创造价值，一方面追求的是增长，是得，是创造价值；另一方面，真正要追求的不是效益最大化，而是风险在一个固定水平上的效益、价值最大化。

这三宝更容易保持公司稳定，在稳定的基础上，老天给你什么，你就接着，你也能持续接得住。

1. 组织之宝：以慈心对待周围人

慈，组织之宝，工作中不能总想着自己，要从基础员工的角度去想。不要总觉得别人都是工具，能简单地、粗暴地为你所用，哪怕你是霸道总裁，你把别人当成工具人，那别人也可以把你当成工具人。作为领导，你越能对别人慈，越能替别人着想，包括人家的家庭、人家的职业生涯、人家的投资回报率、人家的学习、人家的长进，你的团队就会越来越有力量，越来越能打。

举个简单的例子，麦肯锡有两个企业愿景：第一，为客户创造十倍以上于他们咨询费用的价值；第二，让自己的员工茁壮成长，畅想未来。麦肯锡是一个建立在咨询顾问基础上的生意模式，它甚至把员工满意度——包括钱、成长、学习等——提升到和对客户的贡献一样的最高水平。

如果团队里相互之间能够互相理解，而不是互相指责，特别是能够从对方的角度想想——人家为什么这么干，人家为什么不那么干。那做事的矛盾就会越来越小。慈心是凝聚力、安全感的来源。

所谓慈不掌兵，跟“一曰慈”的“慈”不一样。汉语语言本身有极强的多义性，一定要放在具体环境中去看。

老子说的慈，是让管理者把团队的人当人，你要从团队每个层级、每个个体的角度，都去想他们要的是什么。给他们足够的空间、足够的滋养、足够的自由度、足够的培训，具体措施包括分钱、给机会、用共同的愿景来畅想未来，让他们做自己，在做事中成长，变成更好的自己，这是真的慈。

“慈不掌兵”意味着你手该硬的时候硬。其实在管理里也是一样的，慈，并不意味着是老好人，一味地跟所有的人都说：“你们挺好。”“你们做得特别好。”这种是烂好人，不是老子想要强调的“慈”。

2. 财务之宝：如无必要，勿添实体

俭，我老提“burning rate”，烧钱率，劝大家少花点钱，有的没的的消耗，能减尽减。这样公司的财富才能积累下来，大家多分点钱，持续的时间也能更久。

节俭，公司固定的消耗的用度，相对偏低，这样公司“不累”。业绩好的时候，把留下的钱，大家大秤分金。不用整天准备有些人不吃不喝的东西，而是让大家自己去花自己的钱。年景不好的时候，用度本身就少，生存概率才大。

公司在风口上，办公环境、餐饮标准、差旅标准很高，大家确

实开心。可是无常是常，一个浪打过去，另外一个浪打过去，业绩降下来，再想从烧钱状态回到节俭状态，很难，抱怨很多。人就是一种贱嗖嗖的动物，从坏日子过到好日子很快就适应了，很快就觉得一切理所当然；从好日子到坏日子，哪怕一般日子，他抱怨无数，要花很长的时间去适应。

汉元帝在大臣的劝导下，想遣散宫女，几千个宫女要那么多干吗？他想来想去，最后遣散了不到十个宫女。

老子的“俭”，就是少花点钱，特别是日常的、经常向的花销要少一点。能满足需求，便差不多了。如果你不知道如何“俭”，那请用奥卡姆剃刀原则——如无必要，勿添实体。和中国古话说“多一庙多一事，多一事不如少一事”，道理是一样的。

3. 战略之宝：后发制人，成功率更高

不敢为天下先，是战略之宝。为天下先的成功率很低，除非在相关的市场里，你已经占了一半以上的份额。这样的公司并不多。

不敢为天下先，不是装㞞，是后发优势，做个跟随者。

跟随者也有讲究，他并不是“躺平”什么都不做，而是要研究天下发生了什么事情，为天下先的那组人、那个团队干了什么，怎么干的，犯了什么错，有哪些经验教训，这是不是未来巨大的趋势。

听上去很鸡贼，背后的道理是，你不能认为自己绝对强。如果你认为自己绝对强，那是老天给了你一个特别好的机会。天予不取，也不吉，老天给你，你自己不去做，也不吉利。底层逻辑是，你看看手上这组牌，哪怕你不是一个信心特别足的人，但这手牌足够给

你信心的话，那敢为天下先没错的。在战略上没毛病，没有竞争对手，他不做，别人也做不了，那现在不做什么时候做？

但绝大多数情况下，你不是绝对的市场领军人物，如果你不是绝对第一，那就保持跟随。手上的牌，不足以让不自信的你有绝对的自信，不能让你感觉先胜而后战，那就不要为天下先。保持跟随，不要一有什么新东西你就扑上去。

二、想生存，要勇于不敢

“勇于敢，则杀；勇于不敢，则活”，都围绕的是一个词、两个字——“不敢”，我㞞。

1.“不敢”是重要的生存方式

“勇于敢，则杀；勇于不敢，则活”，活，不见得是苟活，而是等待机会再去打。在一个不那么鼓励创新、冒尖的环境下，明哲保身，不要什么仗都打，选好自己能胜且重要的仗去打。当你感觉“不敢”的时候，放下。这种“不敢”的思路是重要的生存方式，生存起点是把自尊、要强、脸面放下。

“勇于不敢”，更符合成事之道。好胜之人，通常风险意识是低的。当他开始在“做”和“不做”，“敢”和“不敢”中做选择时，风险已经比他能承受的、该承受的要大了。血气方刚，特别想创造，想战斗，我非常理解。但是当实际的风险，远比你意识到的风险还大，远比在你能期待的回报下可以接受的风险还大的时候，那“不敢”更是成事之道。

后退一步，活下来的可能性就大。不退这一步，欲望不一定满足，过去的积累，钱、名、利，还可能全输掉。

2. 我做过最勇敢的事是“不敢”

我这辈子做的最勇敢的事，都在于“不敢”。“如临深渊，如履薄冰”，在我觉得还有胜算、还有机会的时候，我也谨慎小心。当我看到没有胜算的时候，没法先胜而后战的时候，我对自己说：“算了吧。”现在想起来，怎么没退得更彻底、更早一点？

不要等老天给出非常明确的指示你再退。老天在给明确指示之前，往往会有些小提示，就像大地震来临之前，天气热得古怪，小动物莫名其妙地钻出来，你变得烦躁，你妈变得凶悍……征兆来临的时候，得道之人就应该退。

更多的人心怀侥幸，相信自己能够面对一切，相信老天会站在他们一边。对征兆视而不见，还认为人定胜天，这样的人往往下场很惨。

3. 天网恢恢，疏而不失

“天网恢恢，疏而不失”，不要苛查，不要定过于繁复的公司管理制度。

很多老板以苛查为高明——谁上班摸鱼，谁上班玩手机，我都能看到。其实所有人上班都摸鱼，所有人上班都玩手机；你要做相反的，要按照大道做相反的事，尝试用看似宽松的管理方法，激发人的斗志，激发人的主动积极性，而不是逼着他们做你想让他们做的事。

战略定好，KPI 定好，奖惩定好，该分的钱分，该处理的人处理，把最关键的、最核心的抓好，其他你还需要管吗？

若烹小鲜：
做管理和做饭的难度差不多

复杂的管理其实可以很简单。
你要看到复杂性，但不能苦行。

第六十章

治大国若烹小鲜。

以道莅天下，其鬼不神。非其鬼不神，其神不伤人。非其神不伤人，圣人亦不伤人。夫两不相伤，故德交归焉。

治理大的国家就像烹小鱼，不要频繁翻动。

用道治理天下的人，鬼神对他不起作用。并不是那些鬼神没能力，而是它们的力量伤害不了他。不只是鬼神的力量伤害不了他，有道的圣人也伤害不了他。鬼神和圣人这两者都伤害不了他，所以，德性就往他那里汇聚了。

第三十二章

道常无名，朴虽小，天下莫能臣也。侯王若能守之，万物将自宾，天地相合。以降甘露，民莫之令而自均。

始制有名，名亦既有，夫亦将知止。知止可以不殆。

譬道之在天下，犹川谷之于江海。

道一直没有名字，纯朴而细小，但天下没有人与物可以改变它。侯王如果能够执守道，万物就会自然归附。天地的阴气和阳气汇合，降下甘露，不用别人下命令，甘露自然均匀地洒向万物。

万物生长，就开始有了名字；名字有了后，就应该知道适可而止了。“知止”，就可以避免危险。

打个比方，道在天下就像江海，众多小溪流向它。

这一课的核心词是难易。如何看待管理上的难易？有三个要点：

第一，“治大国若烹小鲜”。管理到底是难是易？

第二，遵守道，莫问鬼神，不要弄那些神神鬼鬼、奇奇怪怪的东西，而把精力、时间、信心给予大道。

第三，道似乎无形无名，但是没有人能彻底颠覆它。

所以这三点再总结出来，管理，按照大道去管理，它不难、不容易，它不涉及鬼神，你就照着大道去做就好了。

一、做好基本面，管理可以很容易

“治大国若烹小鲜”，治大国没有你想象的那么难，烹小鲜也没有你想象的那么容易，我们来看看这个辩证关系：

第一，再复杂的问题都有一个中心思想，难的解决方案，到最后也能一句话说清楚。更复杂的事，沿金线再打一层，多一层二级论点而已。

管理者要意识到管理的复杂，但是不能苦行，殚精竭虑。管理自己，管理团队，管理公司，其实都是马拉松。你要意识到自己在做复杂重要的事情，但是自己不要被事情压垮，拿出点气势来，维持住让你相对舒适的度。你要保持活泼泼的生机。

我讲一个历史上的案例。“文公问于郭偃曰：‘始也，吾以治国为易，今也难。'（郭偃）对曰：'君以为易，其难也将至矣。君以为难，其易也将至焉。'"（《国语·晋语·郭偃论治国之难易》）

讲的是治国和管公司一样，它看上去容易，其实也挺难的；看上去难，其实它也挺容易的。如果你放任不管，该做的事没做，整天强调绝对的无为，那困难的事马上也就到了。但是如果你认为很难，用一种如临深渊、如履薄冰的态度把自己的基本面做好，你的好日子很快也就来了。

所以，做好基本面，无为，不要去碰那些有的没的，这样把本来已经够难处理的基本面变得更加难了。不要给自己添没必要的压力，基本面已经做到了，要坚信"无为而无不为"。基本面做好了、做到了，那市场起起伏伏，总会有好的事情在不远的未来发生。

第二，"治大国若烹小鲜"，意味着无论大事小情，都不要折腾。假设你是开饭店的，不要总换菜谱，换菜系，今天鲁菜，明天粤菜，后天淮扬菜，不要这么折腾。烹饪小河鲜、小海鲜，最怕的是你在锅里反复翻动、过分烹饪。让它呈现本来的味道，不要总想把它弄得天花乱坠。

第三，管理任何小项目、任何小细节，它都有难度，它们的处理，都能通向智慧。不要轻视小海鲜，你甚至可以反过来说："烹小鲜若治大国。"如果你烹小鲜比天下大厨都好，你一定是有智慧的人，让你去做个更大的事，没准你也行呢。

每一件小事，都有它通向智慧的地方

冯唐

二、信鬼神不如信规律

“以道莅天下，其鬼不神。非其鬼不神，其神不伤人。非其神不伤人，圣人亦不伤人。”问苍生，问自己，莫问鬼神。天道更爱帮助善人。什么是善人？本着一颗善良的初心，干好自己本职工作的人。

哪些人更容易被鬼神之说蒙骗？我猜测，大人物比小人物迷信的比例要高。本来小人物的名、权、利就不大，惦记的人就偏少，小人物无所谓再失去。大人物正好相反。很多大人物也是从小人物开始做起来的。多数后来有成就的大人物会想，老天爱他，所以他天赋好，运气好。所以他期望老天继续爱他。大人物只要他足够大，无一例外，他身边一定会有些神神鬼鬼的人、神头鬼脑的人。

信鬼神有什么坏处？我觉得至少有三点：

第一，信鬼神偏离大道。大道不讲鬼神，大道讲万物，讲各种事物的规律。信鬼神，可能就远离了对大道的应用，这是最可怕的后果。

第二，信鬼神会出现心理问题。信了鬼神之后，一旦发生点好事，你就把功劳归给鬼神，你会越来越信。发生在你身上的坏事，你会觉得是因为你不够信。结果好事、坏事的概率可能没怎么变，但是你会越来越信。

第三，你身边会出现神神鬼鬼的人，你们之间会形成一个新的气场，那真的正人君子会离你远去。

信鬼神是恶性循环的开始。越信，你周围的明白人越少。与其信鬼神，你还不如回到道本身。把你信鬼神的能量、决心，用来信事物的规律、管理的规律。

三、道就在管理细节中

“道常无名，朴虽小，天下莫能臣也。”道存在的样子似乎很大，但是又摸不着，又似乎很小，存在于万物万事之中，但是谁都不能轻视它。可能一小滴水呈现整个水世界的特性，一朵小花可能呈现整个花花世界的特性。道可以很大，可以很小，不能轻视小的道理，小道理背后可能有大智慧。不要着急，慢慢地看它。

道在无数管理细节中。按照道把一件件大大小小的事情做好，把自己分内的事情做好。无为，不要管道之外的方式方法，不要去管本分之外的事情，你会发现无不为的结果就在向你快步走来。

小国寡民：
中小企业的理想模型

老子喜欢的『小国寡民』是超级不管，在古代是个理想，在现代创业环境，却可以成为一种选择。

第八十章

小国寡民。使有什伯之器而不用，使民重死而不远徙。虽有舟舆，无所乘之；虽有甲兵，无所陈之；使人复结绳而用之。

甘其食，美其服，安其居，乐其俗。邻国相望，鸡犬之声相闻，民至老死，不相往来。

国家小，人口少，有着提高人力十倍百倍的工具也不去用，百姓珍惜生命而不愿意迁到远方；有车有船，没人去坐；虽然有武器铠甲，也用不到战场上。百姓回到了结绳记事的淳朴状态，觉着食物可口，衣服漂亮，风俗让人欢乐，房屋让人安稳。邻近的国家，站着就能看见，邻国鸡狗的声音，侧耳就能听见，两国之间的百姓，一辈子也不相往来。

小国寡民。理想的企业模式、企业形态应该长啥样？老子在这件事上发挥了一下他的理想主义，不管能不能实现，说了他的理想。他的理想，哪些可行，哪些不可行？

第一，老子的核心观点是减少人工，相信自然，让美好的事情自然而然地发生。

第二，形式之外，管理风格是“管”还是“不管”，怎么管？管理风格是可以选择的。

第三，小国寡民，老子在两千多年前说过，从那以后有很多人有不同看法，我讲讲我的看法。

第四，小国寡民，如果大家真喜欢，怎么实现？应该如何去做？

一、管理是尊重的艺术

老子的观点自成系统，内在一致性甚至比孔子的还好。就像一棵树，树枝都是沿着树干长出来的。每碰到一个问题，沿着树枝往下走，你就会遇到树干；沿着树干往下走，你就会遇到树根的基础。所以你读《道德经》，每遇到一个似乎相近但又不同的问题时，你甚至都能猜出来，老子又要重新说什么了。老子这样坚持自己的内核，是因为相似的事情重要，要多说几遍。

老子的核心观点，就是要顺从大道、顺从规律，让美好的事情自然发生，不要干涉！

不要因为人的意志、自我意识，就去过分干涉自己，干涉别人。一个个体，他带着一个大脑，带着一个肉身，带着一套身心灵，在合适的时候能发挥出的力量是巨大的。一个个体带着一个团队深耕一个领域，时间长了，他们的力量也是巨大的。

老子的观点就是，要善用这种意志——能够改变其他事物的人力，让美好的事情自然发生。在多数时候，特别是关键的时候，摁住自己的双手双脚，不要试图改变因果。一件事情不能被太多因素影响，如果你想处理一切，就什么事都成不了。如果你要硬来，你会发现你成事的效率很低。

我说过管理是遗憾的艺术，是委屈的艺术，是平衡的艺术，现在我们也说，管理是一门尊重的艺术。

二、企业的三种管控方式

美好的事情会自然而然地发生。那落到事情上，选择管还是不管？

一个极端——“完全不管”，大领导只做财务管控，看好和投资创始人、团队，看好市场方向、赛道，剩下的就看回报率，只让律师和财务专家参与，其他完全不管。

另外一个极端——“啥都管”，运营管控，管得很细。每天都在看运营数字，甚至小到市场评论，每天都要看得到。一棍子戳到底，一直管到具体运营。

介于“管”和“不管”之间——战略管控。把战略计划定清楚，把商业计划做细，其他具体执行不管。比如，我创立成事不二堂做的就是战略管控。我只管三件事：战略，创作，喝酒——提供情绪价值，大家有气、有烦、有别扭跟我说。只管这三件事，我把它定义为战略管控，是一种创作型选手的战略管控。

那么，企业管控方式该如何选择？

具体采取什么管控方式与一把手风格相关，与企业性质相关。

如果一把手是个很细的人，他喜欢具体落实，喜欢在现场整天盯着，他可以采取运营管控。如果一把手相对简单、粗放，相对想管的面大一点，那他要学会放手。看好团队，看好赛道，看好方向，钱一给，等着年底收钱，偶尔参加参加董事会就可以了。

还有一个变数是企业性质，如果企业性质单一、一致，产品或服务相对单一，用运营管控的方式去管会容易。但是如果企业性质非常复杂，比如华润这种有水，还有水泥；有电力，还有化工；还有零售……性质差异这么大的企业，几乎是没法做运营管控的，没人对所有运营细节都懂。这么复杂的行业，只做战略管控。当然，如果说我需要负责一个小总部，那也可以选择做财务管控。

总之，战略管控是一个相对平衡的管控模式，如果你想不清楚用什么方式去管控，从战略管控入手要相对舒服一些。

三、小国寡民式管理的优势

老子喜欢的小国寡民，是“超级不管”，是财务型管控。给你土地，给你牌照，给你生活空间，你们自己搞吧。

但是它是要满足两个条件的：一是多数人认可这种管控方式；二是大家知道怎么管自己。

小国寡民这种形态也意味着，有些人性之恶不容易得到抑制。用到现在管理环境中可能会出现：小而全、小而散的公司；一群人拥上风口，造成行业无限“内卷”和混乱；恶性竞争，低于成本销售；等等。这些现象，并不是大道有错，而是说有些小国寡民不遵从大道。

那么，小国寡民的形态有什么好处？

第一，适合创业公司、小公司保持工作效率。结构扁平，对市场敏感，反应快，决策快。一些大的公司也在用小国寡民的思想，比如麦肯锡，一个项目组往往只有一个项目经理，加上两到三个咨询顾问。当然项目经理上边还有相关合伙人，合伙人往往不是全职，经常会同时干几个项目。同时，所有项目组后台、前台、中台有些共享的职能部门，比如说做 PPT 的部门、做数据收集的部门、财务、法务等等。但是具体做事的就是一个项目经理，带着两三个管理顾问。最后报告给出的管理意见，可能就是相关合伙人，加上一个项目经理，加上两到三个咨询顾问定的。小，且效率高。大公司的环境，还能有小国寡民的工作效率。

一些老板喜欢前呼后拥、当皇帝的感觉，自己都不知道有多少家公司，更别说战略、运营了。但他喜欢“我管理资产千亿”“我员工十万”的感觉。盘子铺大了，但沟通不顺畅，执行不到位，人浮于事，摸鱼的摸鱼，摸脚的摸脚，摸腿的摸腿，效率低下。

第二，更能满足消费者的个性化需求。前提是有些制作能力、生产能力已经平台化，小公司也能用得上。除了特定需要有规模效应的行业，大公司扩张到一定程度，有了相对垄断地位之后，你会发现他们的产品和服务离市场需求很远，而且迭代速度都非常慢。

第三，宏观上讲，生态系统需要保持稳定性、保持多样化。市场上不能只有一种咖啡，不能只有一种烤鸭，不能只有一种三明治。所谓创新，它绝不来自生态系统中一股独大。

四、小国寡民在现代如何实现

老子提出小国寡民这种概念，一是，老子不想看到像秦国这样的“恶势力”一统天下；二是，老子很无奈，虽然他跟大家说小国寡民的好处——如果大家能遵从大道，世界可以很美好，但可惜，在老子生活的时代，赢家通吃是必然的，小国寡民是实现不了的。

但在今天，实现老子理想的可能性大了无数倍！

第一，实现小国寡民，对技术手段有要求。

如果你要靠“信鸽系统”“猫头鹰系统”传递信息，那小国寡民很难实现，但在技术进步之后就相对容易。比如我现在相当于数字游民，通过远程多方协作管理公司。信息流、金流、物流、人流这四种流动，让小国寡民在现在人类技术下变成可能。

第二，小国寡民，对公司成员、对人本身有更高的要求。

人能不能简单、坦诚、阳光？能不能业绩不向辛苦妥协、价值观不向业绩妥协？能不能大家都认同做小而美的公司，做力所能及之事？能不能有共同的愿景，希望世界因为我们的努力变得更美好？除了相互信任，还要有一些大家都认可的 SOP（标准操作规程）。不见得复杂，只对于非常重要的经营管理活动列出 SOP。做熟了，你只检查最关键的几点就好。

第三，当下环境，更适合做小而美的企业。

在现代的经济环境中，让我们做大而美的公司的机会不多了，成熟平台都已经在了。在下一个技术突破来临之前，很有可能我们做小而美的企业会更合适。提供只有我们这组人才能提供的产品、服务，完全可能的。

如果你真不喜欢自己的老板，真烦大公司里的人际关系，你偏巧有些爱好还挺专业，你有些想法还想实现，偏巧你自己还有点积蓄，或者别人愿意给你投点钱……自己做个“小国寡民”，没准挺美好。

不行而知：

如何缩小信息差

霸道总裁要善于运用统计思维，
收集靠谱的企业信息。

第四十七章

不出户，知天下；不窥牖，见天道。其出弥远，其知弥少。是以圣人不行而知，不见而名，不为而成。

不出家门，就能知晓世界的运行；不看窗外，就能知晓宇宙的运行。离开根本，走得越远，获得的真知越少。所以有道的人不漫游就能获得真知，不用眼睛看就能认识事物，不刻意做事就能成事。

第五十四章

善建者不拔，善抱者不脱，子孙以祭祀不辍。

修之于身，其德乃真；修之于家，其德乃余；修之于乡，其德乃长；修之于国，其德乃丰；修之于天下，其德乃普。

故以身观身，以家观家，以乡观乡，以国观国，以天下观天下。吾何以知天下然哉？以此。

好的创建者不会轻易动摇，好的守业者不会轻易脱手，靠着这两点，子孙后代能够保住家业，年年祭祀。

修行落实到个人，他的德性是真实的；修行落实到家庭，他的德性是富余的；修行落实到社区，他的德性是绵长的；修行落实到国家，他的德性是丰沛的；修行落实到世界，他的德性普惠万物。

从我这个人出发观察其他个体的人，从我的家庭出发观察其他家庭，从我所在的社区出发观察其他社区，从我的国家出发观察其他国家，从我的世界出发观察其他世界。我是怎样知道世界的情况的呢？就是通过这种方法。

如何缩小企业中的信息差？如何缩小你脑子里的信息差？作为霸道总裁的你，如何缩小你及你企业中的信息差？这章的主题就是一个——认知论。我们如何认识这个世界？我如何认识这世界？我公司如何认识这个世界？我如何根据对这个世界的认知去做事？

第一，老子为什么强调“不出户，知天下”？“知天下”应该有哪些方式？哪些方式可能是最好的？一定不要忽略“不出户”这件事。

第二，管理者足不出户，怎么能够知道前线发生了什么事情，怎么能够统领全局？反过来问题也一样，一线员工远离权力中心，如何能够领会最高决策者的意图？

第三，我们想知道，读书、行路、学徒、做事到底应该是精，还是博？精和博这个关系在认知论中如何平衡？

一、不要没事找事去一线

老子强调“不出户，知天下”，联系历史背景，这是说给君王听的。放到今天也是霸道总裁必读。但是，不想当霸道总裁的员工不是好员工，不想当 CEO 的管理者不是好管理者；所以，《道德经》也是给所有职场人看的。

君王一辈子生活在宫里。故宫已经是世界上最大的宫殿群落，合起来不到一平方公里，大多数君主生活空间比故宫还要小得多。如果你是君王，可能也会想“世界那么大，我想去看看”，所以君王兴之所至，就爱去各地巡视。

但是老子明确反对君王去一线调研，理由非常简单，君王出门劳民伤财。首先要保证安全，其次要保证生活供给。沿途百官要准备工作报告，放下手中日常工作，围着君王的行程转，会破坏上上下下的正常节奏。乾隆在皇帝堆儿里过得算相当舒服了，不仅有紫禁城，还有颐和园，还有承德避暑山庄等行宫，但是还不够，乾隆六下江南，下一次，江南沿途穷三年。

CEO 应该常去一线吗？你去趟一线，同样别人要管你，所以也不该没事总去。当然你可以说，你两菜一汤就够了，但是，你要严肃地说，下面才有可能做到。而且，你必定会干扰到日常的工作、管理节奏。

如果涉及某些会议、政府关系、合作方商谈，需要了解当地的市场，就此跟一线员工座谈、聊天，无伤大雅。只是说，不要没事找事去一线。古今同理，不想你给大家添麻烦。

但是，管理者不是全知全能，不可能掌握所有的细节。闻不到一线的硝烟，怎样才能站在全局高度上指挥调动大家呢？宋代笔记小说《鹤林玉露》讲到了管理者的难处：“人主以一身立乎巍巍之上，以一心运乎茫茫之中，不出户而知天下，不下堂而理四海。……

天地两间，裁成参赞，无一欠缺，非千手千眼乎！”（《鹤林玉露·丙编·卷一》）

一个人站在孤峰顶上，一颗心运行在茫茫信息之中，不出户还能知天下，不下堂还能管理四海。没有千手千眼的普通人怎么干呢？

《道德经》第四十七章、第五十四章讲的是管理上的认知论，能解答这两个问题：如何在手段有限的前提下获得足够的信息？如何用足够的信息去管理复杂的企业？

二、用统计学思维做高阶管理

1. 以身观身：用统计学思维做管理

管理者足不出户，怎么统领全局？

第一个是老子提供的方法，利用统计学思维做管理，用数字说话。第二个方法是从自己出发，用自己观照世界。

“故以身观身，以家观家，以乡观乡，以国观国，以天下观天下。”老子那个时候没有统计学，但他这句话说的就是统计学的方法。以已知推论未知，以少知多。以自己这个身去观察各种各样个体的身；以自己这个家来揣摩全天下各种各样的家；以我所在的皇宫、以我所在的小社会来观察其他社会；以我自己这个国怎么运行、怎么运转、怎么有起伏兴衰，怎么在人性的汇集中产生什么样的情况——以自己这个国观天下其他所有的国；以我看到的外交使节、我看到的天下的信息来观察真的天下。

任何人都不可能知道整个宇宙的所有信息，但是你可以取样，从样本去揣摩整个宇宙，知道世界的真相，这个样本甚至包括你自己。把自己肉身、心灵当成样本，它们是你的桎梏，也是你的宝藏。

2. 以身观身，如何做到客观

把自己当成样本有没有弱点？当然有，因为你不容易客观。那怎么做到客观？

把自己当成芸芸众生中的一个，把自己当成普通得不能再普通的个体。你不要想着自己是不一样的烟火，你要跳出来，用一个上帝的视角来看你自己。你把自己看作是了解世界、了解人性、了解宇宙最简单的一个样本，由己及人的过程中，会出现样本偏差，需要你不断地无意识、有意识地调整自己对宇宙的认识，对大道的认识。

3. 统计学思维，管理、识人殊途同归

儒家跟道家在统计取样、获得信息方面其实有共同点。道家讲“以身观身，以家观家，以乡观乡，以国观国，以天下观天下”，儒家讲“格物，致知，诚意，正心，修身，齐家，治国，平天下”。“格物，致知”，即学习的过程；“诚意，正心”，即立心的过程；心有了，知道应该往什么方向努力了，“修身”，把自己这个人修炼好；然后“齐家”，再后“治国，平天下”。其实老子讲以身观身，不只是观，其实也是修的意思；以家观家，不仅是观，也是管理的意思。

“以身观身，以家观家，以乡观乡”，这个思路也可以用于识人，观察一个管理者的工作圈、生活圈里的人，是你收集信息的捷径；如果你分析能力足够强，就能很好地判断他是不是好的合作对象。

4. 三人成虎：如何做管理决策

用统计学方法来看全局，需要注意三点：第一，你选的样本要有代表性；第二，对这个样本你要有足够冷静、客观、深入的分析，特别是冷静；第三，大胆外推，不是一定要拿到足够多的数据才有信心做管理决定，不然会浪费很多时间和精力。

三人成虎这个成语，原意想告诉我们，不要因为少量数据在提示一个现象、一个结果，就认为一定会发生。有个老母亲坐在家中，进来一个人说：“你儿子在外边杀人了。”老母亲说：“不可能，我家孩子鸡都杀不了。”又过来一个人说：“你家孩子杀人了。”这个时候孩子他妈将信将疑说：“那我去看看。”在这个时候突然来了第三个人说：“你家儿子杀人了。”老母亲立刻落荒而逃：“官府就要来盘问我了。”这个人到底杀没杀人？连续三个人都说了，连续几组数据都提示某种结果，那你开始假设说儿子就是杀了人，这没错，管理决策上也一样。

5. 以己知人：跳出小我，以自己关照世界

在人际交往中也可以自己为样本，以己知人。但是在现实生活中，人们往往做不到换位思考，往往不能把自己当成芸芸众生中的一员，不能让自己真正设身处地坐在对方的椅子上，站在对方的立

场上去想事。

“这个人怎么这样啊？”凡是这么说的，都是自信于自我的“正确”、没有跳出小我的人。但成事之道是需要你跳出来的。

6. 用好数据，用对人，用对自己

管理者如何足不出户地统领全局，我讲三点：

第一，熟练运用统计思维，用数字说话、信息说话、情报说话。你要有一套数据系统、汇报系统，让前线的数据信息真实、准确、可靠地呈现在你面前。

第二，知人善任，用对人。你的下属、其他层级的管理者比你更靠近前线，让他们收集数据做判断，将信息汇总到你这里来；这些人需要呈现的品质是：对数字敏感，对信息敏感，能够做到毋意、毋必、毋固、毋我；不是总要脸，总把自己脸面搁在事情之前。

第三，管理者本人。管理者的能力，不在于他能熟练掌握无数的数据，就像 AI 一样能收集和计算；而是胜在他知道如何问问题，如何界定问题，如何做假设，如何找关键事实去验证假设，如何再打深一层下去，直到找到真知灼见。

做到这三点，足不出户而运筹帷幄完全可能实现。

7. 一线员工远离决策中心，更需领会决策

一线员工远离权力中心，如何领会决策意图？让一线员工知道要干什么，以及为什么要这么干，是决策者的责任。因为员工是人，不是机器，如果不知道背后的原因，容易动力不足。思想工作没有

被做透，口服不见得心服，执行效率会低。人知道为什么、图什么，才可能顺心顺意地去做。噘着嘴硬干效果一定差。

如果决策者下达的指令在一线员工看来似乎是无法完成的，那员工就要自己开口去问：我这么理解，对不对？我这样做的方法对吗？如果都对，任务似乎完成不了，您帮我想想怎么办呢？一线员工想知道决策者是怎么想的，除了等待决策者灌给自己，也可以反向管理。决策者如果没有思路，你帮他提供一个思路。

现在办公工具这么丰富，CEO 勤于共享文档、分享关键战略举措的思路，都有利于实现上下同愿。

三、认知过程先精再博

1. 认知过程，先求精再求博

在认知过程中，求精还是求博？尽量平衡，如果必须二选一，我的答案是选精。在博和精之上更需要你掌握的是方法论，是大道。

为什么不能一味追求博？在现在环境中，读书、行路、学徒、做事，最需要的都是先建立一个稳定的核。这个稳定的核，第一包括做事的三观，世界观、人生观、价值观。第二包括方法论，成事之道、成事之德。在内核的基础上，再扩大自己的阅读面、行路面、学徒面、做事面。

在扩大面之前，我强烈建议掘一井、行一路，一条路走到山顶，再去试试别的路，把一口井挖出水来，再去试试挖别的井。先做专家，再做杂家。因为你学一科的时候，需要有意识、无意识地打磨方法论，也就是在打磨自己的内核，以及成事之道、成事之德——所谓大道。成为一方面的专家，说明你对大道的掌握不差。

为什么不能枯守一井？你打通一井，可能是你真的知道，也可能是你蒙的；经得起更多实践，才是真知道。从样本到宇宙，你又多了几组样本，这样让你对宇宙的了解更多了，你成了一个更高阶的管理者。

反例是，在没有任何深度的时候就疯狂追求广度的人，似乎什么都知道，认识很多人；但是只要你多问一层，就会发现他脑子里白茫茫一片空白。

只专注于一件事，虽然好多人跟我说这叫匠人精神。我一直认为匠人精神有一种决绝之美，但放在管理上，容易陷入极深的狭隘。

我见过一辈子只做一件事的匠人——天妇罗之神，不只会炸虾、捏寿司，他的经营理念、审美，包括对养生、运动、东方哲学的涉及，可能比你我还要深。

管理是个模糊的艺术，因为涉及的方面太多：你要了解人性，也要了解一些天文地理；你要知道一些文学、美学、史学，知道一些数学。一味求精，只想精通财务、法律等，在管理上很难走远、走好。

2. 足不出户和走马观花都是极端

行路也存在精和博的辩证关系。行路的一个极端就是哪儿也不去，董仲舒三年不窥园，长期下来是不行的。

另一个极端是走马观花。白天看庙，晚上睡觉，一问什么都不知道。当然，旅游并不是为了学知识，但很多人跟我妈一样，是为了回去能跟人吹牛：你没去过，我去过。大多“特种兵旅行”，看上去是博，说到底是没有敞开学习的空杯心态。

你可以找一个最感兴趣的城市沉下来，住一阵，或者多去几次，仔细体验博物馆、公园、集市、餐厅，去读一些相关的书；对这城市有足够多的了解之后，再去其他感兴趣的城市。这就是行路的从精到博。

明道若昧：
做更有洞见的管理者

管理者智慧上的差异，
来自他们对成事之道的态度。

第四十一章

上士闻道，勤而行之；中士闻道，若存若亡；下士闻道，大笑之，不笑，不足以为道。

故建言有之："明道若昧，进道若退，夷道若颣，上德若谷，大白若辱，广德若不足，建德若偷，质真若渝，大方无隅，大器晚成，大音希声，大象无形。"道隐无名，夫唯道，善贷且成。

最好的人听见道，勤勉地去践行；普通人听见道，有的记住了有的忘了；最差的人听见道，大声嘲笑。如果他不嘲笑，道就不是道了。

所以有本叫《建言》的书就说：光明的道，看起来昏暗；前进的道，看起来倒退；平坦的道，看起来坎坷。最高的德性，却像山谷一样卑下；最纯净的白色，却像染有污垢。宽广博大的德性，却像有些不足；强健的德性，却像偷懒；纯真的本质，却像善变。最宽广的空间，实际上没有角落；最大的事物，总是最晚完成；最嘹亮的声音，是人听不见的声音；最宏大的物体，人看不见它的形状。道伟大，没有名字。只有道，善于创造，善于成就。

第二十一章

孔德之容，惟道是从。

道之为物，惟恍惟惚。惚兮恍兮，其中有象；恍兮惚兮，其中有物。窈兮冥兮，其中有精；其精甚真，其中有信。

自古及今，其名不去，以阅众甫。吾何以知众甫之状哉？以此。

大德的行动，都是追随着大道。

道这个东西，恍恍惚惚，不可捉摸。恍恍惚惚中，蕴含着一个形象；恍恍惚惚中，蕴含着一个物体；幽远啊，朦胧啊，它里面蕴含着一个能量粒子。这个能量粒子十分真实，里面蕴含着可验证的信息。

从现在往上追溯到古代，道从来没有消失，依靠它能够认识万物的根源。我是怎么知道万物根源的呢？就是因为这些。

人和人之间的差别体现在哪儿？人和人之间的差距为什么会出现？特别是针对管理智慧、针对人生智慧，差别来自哪里？这一课，有三个关键点：

第一，人和人最重要的区别在于智慧。管理者和管理者之间最重要的区别，不在于有多少钱、有多少事、有多少人脉关系，当然它们也重要，但更重要的是人和人之间，管理智慧的差异。但管理智慧之间的差异来自哪儿？来自对成事之道、成事之德的态度，来自对大道的态度。

第二，培养批判性思维，超越表面现象，看到问题的本质。

第三，要善于总结提炼普遍规律，从局部正确地推整体。

一、人和人的差距，在于管理智慧

在管理这个领域里，人跟人最大的区别在于管理智慧。

首先，来自对成事之道、成事之德——对大道的态度。

真正有志于学的、真正牛的管理者，他听到“道”之后非常勤勉地去身体力行。普通人听到成事之道、成事之德，会怀疑，觉得这个道可能存在，也可能不存在，似乎有点东西，但似乎也有骗人的成分。差的管理者、差的成事修行者一听到“道”，哈哈大笑，说：“能解决我年底奖金的问题吗？得‘道’的人，要不然是骗子，要不然他走的小道没告诉我。他说的是要骗我的，不说的才是捷径。”

上士、中士、下士，三种人的差别，不在于智商、情商、家境、颜值，而在于他对“道”的态度，态度决定了对“道”的掌握和实践。态度不正，人再聪明、再好看、条件再好也不行。

“孔德之容，惟道是从。”最大的德表现为对“道”的顺从。

“道隐无名，夫唯道，善贷且成。”“道”善于帮助万物，成就万物。人如果能理解“道”，顺“道”而行，也能成就自己。

二、如何做更有洞见的管理者

培养批判性思维——critical thinking，对掌握成事智慧非常重要。超越表面现象，不要打一天工，撞一天钟，摸一天鱼，人浮于事，滥竽充数。你既然来到了这个世间，别仅仅当个卧底。一猛子扎下去，了解事情真相，了解管理真相，你就能做得比别人漂亮一点。

超越表面现象，看到问题本质，做个更有洞见的管理者。“明道若昧，进道若退，夷道若纇，上德若谷，大白若辱，广德若不足，建德若偷，质真若渝，大方无隅，大器晚成，大音希声，大象无形。”老子想说的就是表面现象和问题的本质，中间还隔着很多层次，很多变种。

1. 好话不好说，良药往往苦口

怎么从表面现象看到问题的本质？要看到表面现象和实质之间的鸿沟。

真理可能常常不以口号的形式出现，常常不那么花里胡哨，不那么夺人眼目。好话往往不好说，良药往往苦口。

2. 有一堆毛病，也可以是高手

“上德若谷，大白若辱，广德若不足，建德若偷。”崇高的美好有时候像低矮的山谷，一点不令人震惊。最洁白的东西反而含有污垢。广大的德性有时候好似缺了好多。刚健的德性，好似不厚道，好似这个人经常在偷懒。

顶尖的管理高手往往一大堆毛病。比如刘邦，根据《史记》《资治通鉴》对刘邦的描述，他看上去像个㞞人，长得不高，出身不好，混街头，爱妇人。而且对家人特别狠，逃跑的时候，都不让孩子跟他在一个车上。为了自己，不惜一切。项羽把他爸、他老婆抓了，想把他爸剁成肉馅做成包子；刘邦不仅不救，一点孝道都不遵守，直接跟项羽说："咱俩拜过把兄弟，我爸也是你爸，你把我爸弄成包子，你也给我留半屉。"就是这么一个又㞞又坏的人。但是他容人、与人分利，他能够持续地学习、迭代，堪称千古一帝。

汉文帝刘恒给人的印象也是非常窝囊，没几辆好车，没几匹好马，周围的几个女生，一个一个的长得都像猪八戒二姨。别人挑衅他的时候，他也不跟人打；别人想盖富丽堂皇的宫殿，他不愿意盖；别人想弄一个大墓显示威严，他不愿意花这个钱。但是，老百姓确实能安居乐业，从这个角度讲，汉文帝实在是比汉武帝更仁的君。

曾纪泽是曾国藩的儿子。光绪四年，曾纪泽被派去欧洲办洋务之前，跟慈禧太后见过一面，他们君臣之间有过这样的交谈。

慈禧说："办洋务甚不容易，闻福建又有焚毁教堂房屋之案，将来必又淘气。"

曾纪泽是这么回答的："办洋务难处，在外国人不讲理，中国人不明事势。中国臣民当恨洋人，不消说了。但须徐图自强，乃能为济，断非毁一教堂，杀一洋人，便算报仇雪耻。现在中国人多不明此理，所以有云南马嘉理一事，致太后、皇上宵旰勤劳。"

曾纪泽先顺着慈禧的话说，说办洋务的确是难。难在哪儿呢，一是，外国人不讲理，我们也没办法，我们也不说他了。二是，难在中国人不明事势。臣民恨洋人是应该的，但是，光烧一个教堂，杀个洋人，就算报仇雪耻了吗？不仅不会报仇雪耻，还会增加很多麻烦。应该自强，变得比洋人还强，才能真正雪耻。

慈禧说："可不是吗，我们此仇何能一日忘记，但是要慢慢自强起来。你方才的话说得很明白，断非杀一人、烧一屋就算报了仇的。”慈禧认可曾纪泽的话。曾纪泽说：“是。”

慈禧接着说：“这些人明白这理的少。你替国家办这等事，将来这些人必有骂你的时候，你却要任劳任怨。”慈禧没有深究具体如何自强，却从曾纪泽的角度告诫曾纪泽——明白这种理的人很少，而且不明白这个道理的大多数人将来一定会骂你，你要任劳任怨。

曾纪泽这段故事是“大白若辱”这种境界的证明。

3. 得道之人——耿直、真实、自然

“质真若渝，大方无隅”，如果一个人呈现了他自然的本质，你更可能会觉得这人在装。为什么呢？因为多数人不敢真，不敢暴露本质给人看。所以有时候你看到真的能显露本色的、有性情的人，他不一定是在装，不一定是在演。

“大方无隅”，有些人其实是耿直方正的人，但是似乎没棱角，这矛盾吗？不矛盾。方正忠厚之人，没有那么多的差别之心。他不会认为这个人富，这个人穷，这个人有权，这个人没钱，这个人漂亮，这个人不漂亮。在他眼里任何人似乎没差别；看在外人眼里，这样没有差别心的人往往看上去没有棱角。其实他不是没棱角，可能只是他已经得“道”，没有了差别之心，以及他没有无谓的个性。

“大器晚成”，最厉害的人往往成就完成得晚，出名要趁晚。给自己足够时间去积累、去磨炼，在书上、理上、事上磨，之后再出名，这样少消耗很多能量。

“大音希声，大象无形”，最大的声响反而听来无声无息，最

大的形象反而没有形状。庄子《齐物论》中提到“人籁、地籁、天籁”，人籁，人吹竹管之声；地籁，大地的箫声，指风吹孔窍之声；天籁，自然的箫声、风声、雨声，指万物因其各自的自然而然状态而自鸣的声音。自然的状态是更好的状态，自然是艺术最高的境界。

三、结构化思考，拉开智慧差距

人跟人在智慧上的差距，很大程度来自：你认不认可有大道的存在；你有没有批判性的思维；你是否善于以及经常总结、归纳、提炼普遍规律。

“自古及今，其名不去，以阅众甫。”从当今上溯到古代，“道”的名目永远不能废除。依据它，你才能观察万物的初始。用批判性思维思考问题的本质之后，拿到真知灼见之后，要善于总结、提炼、归纳。不能说有真知灼见，但表达不出来，而是在任何时候都能做到结构化思维、结构化思考，你也争取事事能说三点。

虽智大迷：职场里的用人之术

会用人的管理者，会识人，也敢用人。无双国士，谁都会用，偏才怪才，才考验伯乐。

第二十七章

善行，无辙迹；善言，无瑕谪；善数，不用筹策；善闭，无关楗而不可开；善结，无绳约而不可解。

是以圣人常善救人，故无弃人；常善救物，故无弃物。是谓袭明。

故善人者，不善人之师；不善人者，善人之资。不贵其师，不爱其资，虽智大迷。是谓要妙。

擅长漫游的，不会留下车马痕迹；擅长说话的，话语无可挑剔；擅长计算的，不用计算器；擅长封闭门户的，即使不用门闩，人都打不开；擅长捆绑的，即使不用绳子，人也解不开。

所以有道的人，总是知人善用，没有被他放弃不用的人；总是知物善用，没有被他抛弃的东西。这就是顺应事物特性的智慧。

所以，能手可以成为能手的老师，有缺点的人可以成为能手的借鉴。他珍惜老师，不爱护借鉴对象，即使聪明，也会迷茫。这可以说是很精妙的学习要领。

第二十八章

知其雄，守其雌，为天下谿（溪）。为天下谿（溪），常德不离，复归于婴儿。

知其白，守其黑，为天下式。为天下式，常德不忒，复归于无极。

知其荣，守其辱，为天下谷。为天下谷，常德乃足，复归于朴。

朴散则为器，圣人用之则为官长。故大制不割。

知道雄健的力量，守持柔弱，就像身处世界低处的溪涧。身处世界低处的溪涧，德性长久不会离开，回归到婴儿的样子。

知道光明的样子，守持幽暗，就像遵循世界的法则。遵循世界的法则，德性长久不会偏差，回归到大道的最高奥义。

知道荣耀的样子，守持卑微，就像身处世界低处的山谷……

纯朴的木头劈开，就可以做成器具；具备这样德性的人，圣人用他们，他们就可以成为官长。所以，好的管理不用大刀阔斧。

这一课内容，可以解决职场用人的三个常见问题：

第一，员工能力参差不齐，管理者如何用好不同能力的人？

第二，年轻人怎么样才能得到被任用的机会？你如果不是管理者，你如何能够被用？

第三，如何避免让人反感的、油腻的“爹味儿”？

一、用好能力参差不齐的团队

我常听能力强的领导抱怨无人可用。“团队的人要有我一半的能力，早就发财了，为什么不能像我这么干，像我这么去想问题？”“看上去背景、学校、职业生涯都挺好的人，招过来完全没法用，而且轻重说不得，好坏听不进去……”“年轻人一拨儿不如一拨儿，一代不如一代。”

如果你认为无人可用，只说明你不会用人。如果你总觉得年轻人一无是处，古代总比现代好，老人总比年轻人好，只能说你没有体会到大道，你跟这个世界已经脱节了。

二、没有人不是人才，只要不固执

“故善人者，不善人之师；不善人者，善人之资。”

会用人的，无论什么样的人都能用，特别是可以用有问题的人。无双国士，谁都会用，但偏才甚至“人渣”，别人怎么都用不好的人，才考验伯乐。

一个人，只要他是正常人，受过基本的教育，说话能说清楚，会加减乘除运算——这样的人，基本都能用好，只要你有方法。

所以，身上有各种毛病的人也不用担心，如果你遇对了能用你的人，他还是能让你变成一个更好的人。

唐太宗李世民说：“智者取其谋，愚者取其力，勇者取其威，怯

者取其慎，无智、愚、勇、怯，兼而用之。故良匠无弃材，明主无弃士。”(《帝范》)

脑子好使，让他出谋划策。脑子笨，让他出力气，去执行。勇敢的，用他的威武。胆怯的，用他的谨慎。如果没有智、愚、勇、怯，啥都不突出，让他跟着团队走。名匠没有不能用的材质，明主没有不能用的人。

从管理者用人的角度讲，只要是人就是人才，只要他别固执，只要他愿意跟随。如果他还能改变和学习，你就因材施教，因材放事，他也能成为一个成事的人。这就是老子说的，“不贵其师，不爱其资，虽智大迷”的意思。

另外，老子还强调一点——“大制不割，美玉不琢”。

如果一个人是块儿好材料，哪怕你看到这块儿“美玉”有些小毛病，千千万万按捺住自己试图去过分改变他的冲动。只要在公序良俗勉强能够容忍的范围内，包容他。

三、年轻人如何脱颖而出

追求上进，追求成事，追求成事之道、成事之德的年轻人，想要锻炼的机会，怎样才能被任用?

第一，学会 follow，再去特立独行，先学会跟随，再学会领导。

也许初入职场的年轻人觉得，做工作应该有自己的想法。“我代表了未来，我充满了创意，领导说的一定对吗？”

没有不能用的人
只有拒绝被用的人

冯唐

其实，先按捺一下自己这些想法。一个正常运营的公司，它一定有你可学的地方。在某种程度上，不是公司找你的优点，而是你来找公司的优点。这并不妨碍你在跟随过程中的独立精神、自由思考，也不妨碍你干过一些事，有了业绩之后，你树立起你的旗帜，去做你想做的事情；看到公司存在的问题，说服周围人和领导应该如何革新。

第二，用平常心对待你的老板。

虽然我知道很多人不喜欢我，但我也知道挺多人喜欢我。我是不是一个好老板？至少我那些小伙伴都是肯定的，我能从各方面“向下兼容”他们，他们希望我能够多带带他们，很开心能跟我一块儿做事。

我能看到的是他们身上的进步，进步就是智慧上的增长，让我心里欢喜无尽。

而社会上多数的管理者，他只是比下级多一点点从业经验，可能有一种隐隐的不安全感——年轻人比我有闯劲儿，甚至比我有更好的教育背景，更好的天赋……

我给年轻人的建议是，用平常心对待你的老板，不要总站在领导的对立面，你站在他那个位置看一看。过几年，你也会领导一批像你一样的年轻人，你还会觉得领导一点都不值得同情吗？成年人混社会都不容易，不要上来就觉得任何老板都是傻 ×，他说的任何话，你觉得都是废话。

第三，尝试着改变你的老板，做向上管理。

原来他意识不到的问题，你帮他意识到。你看到他身上的“毋意、毋必、毋固、毋我”，你看到他用提高嗓门来增加权威，你听到他总说：“为什么这么做？因为我觉得……因为谁说了……因为过去一直这么做……”你找一些描述他这种人、这种愚蠢之处的书、电影、文章，有意无意给他看看。

第四，多花时间提升自己。

在职场环境里，作为一个新人脱颖而出，有些看上去要花几年苦功夫的正道还是一条捷径。

做事，大事小事，只要手上能有的事，认真把它做好。读书，提升自己。学徒，在公司内、公司外，认一些能够给你增长智慧、提高人生体验的老师，跟他们多花些时间学习。

第五，机会来了，当仁不让。

领导突破安全范围，愿意给你一个挑战性的工作，你不要退缩，甚至你要毛遂自荐，说服领导：你愿意为这个事尽心尽力、尽职尽责。

敢提、敢要、敢上，机会来了一定不要放过它！

四、职场去“爹味儿”

职场上有个常见的困惑，上下级互相看不顺眼怎么办？

一位有头有脸的老板跟我说：“忽然我们就四五十岁了，我无非是老了；但是我员工说，我一下就变成‘爹’了，听上去不是什么好话。”

年轻人用这词来讽刺喜欢以自我为中心，对他人指手画脚，却往往对事情一无所知、常常表现得油腻的男子。

员工说领导“爹味儿太重”，领导说员工“清澈的愚蠢”，互相看不顺眼，这在职场上挺普遍。

我想背后的原因，是现在的上下级不是传统的师徒关系。想要进取的年轻人碰不到愿意教他做事、传帮带的管理者，年轻人不见得愿意被你培养。

年轻人充满了想象和朝气，但是还没有时间和机会，把知识化成见识，把脑力化成业绩。当领导的也难，如果不“端”着，不装着，没有一点控局感，那怎么坐稳这个位置?

我喜欢跟大我十岁以上的人接触，吃饭、喝酒、聊天。我喜欢跟我生活、工作中遇到的顶尖的、大我二十岁以上的人，建立师徒关系。我有我的闯劲儿，但是我从很大程度上喜欢比我年岁大的人，在智慧上给我指点。

成事的捷径，其实是学徒——在合适的时候，合适的师父给你指点一下，胜你读十年书。好的导师和大“道”一样，你不认可他，损失的是你。

在这个前提下，如何辩证地看待“爹味儿”?

第一，合理跟随，没爹没妈，我们都长不大，有个爹有个妈先跟着。

第二，体谅老板，不要上来就觉得老板都是傻 ×。

第三，试着向上管理老板，让你的老板变成一个更好的老板。

第四，不管事大与小，不管你喜欢不喜欢，只要是你分内的，只要是你能做的——做！

第五，读书、行路、学徒、做事，持续修炼你自己。如果老板真是傻 ×，那你不要成为他。

管理者该如何去除“爹味儿”？

第一，管住自己这张嘴，少吃点饭，也少说点话。别人不给钱，不追着你要你指点时，不要讲那些人生道理、职场道理。

第二，该分钱分钱，该给职位给职位。你钱分够了，位置给足了，机会给够了，你有点爹味儿也不要紧，也是一种大家愿意承受的爹味儿。

第三，在人家不反感的时候，多跟团队吃饭，培养亲密度。切记麦肯锡信任公式：信任 =（可信度 × 可靠度 × 可亲度）÷ 自私度。

无论有没有爹味儿，大家共事过一场，希望都有岁月可回首，能说一句：“我们有过好时光。”这比什么都重要。

国之利器：守住你的根据地

面对竞争对手、职场『恶龙』，
守住你的根据地是对自己最好的保护。

第三十六章

将欲歙之，必固张之；将欲弱之，必固强之；将欲废之，必固兴之；将欲夺之，必固与之。是谓微明，柔弱胜刚强。

鱼不可脱于渊，国之利器不可以示人。

想要让一个东西合上，一定先要让它打开；想要让它软弱，一定先要让它强大；想要让它衰败，一定先让它兴盛起来；想要抢走他的东西，一定先给他一些东西。很微妙，很幽暗，这就是治国术体现出的洞察力。柔弱最终会战胜刚强。

就像鱼儿不能离开深水区，这些治国的谋略也不可以轻易地给人看。

第五十九章

治人、事天莫若啬，夫唯啬，是谓早服。早服谓之重积德，重积德则无不克，无不克则莫知其极。莫知其极，可以有国。有国之母，可以长久。是谓深根固柢、长生久视之道。

治理百姓、侍奉上天，没有比节俭更重要的了。节俭，是遵循大道的第一步。早早迈出这一步，就可以长期地积累德性。德性积累得厚重，就没有什么事情不能解决。所有的事情都可以解决，影响力就没有边界。影响力广大无边，就可以治理一个国家了。节俭是治国的根本，掌握了它，国家可以太平长久。这就是根深蒂固、基业长青的道。

《道德经》这部分，提到了处于不败之地的三点。

第一，应对阴谋。你想处于不败之地，要防止别人坑你、害你，需要面对市场上的强权、强悍的竞争对手，怎么办？

第二，守住核心业务。守住核心业务就是无为的一部分，就是对自己最好的保护。

第三，战略定好。如果战略足够仔细、足够有力，就不怕别人的阴谋诡计。

一、欲其灭亡，让他疯狂

“将欲歙之，必固张之；将欲弱之，必固强之；将欲废之，必固兴之；将欲夺之，必固与之。”

这句话是有些阴谋论的意味的。老子整体反对阴谋，强调真，强调本，强调无为，强调静。这里是整个《道德经》里唯一直接讨论阴谋论的地方。

这句话的大意是：要想使其灭亡，必先使其疯狂。

当一个强权、霸权者莫名其妙欺负别人时，该怎么办？

别跟他直接对着干，给他施以一点“阴谋论”的方式，丝滑地胜他。

有时候，当你无处可逃时，与其拿起刀去屠龙，不如先让他得寸进尺。欲其灭亡，先让他狂。等他多行不义，必将自毙。

你可以变成一个“加速派”。遇上“恶龙”，你就对他说：“大王，你真强，大家都怕你。如果你跳得更高，火喷得更大，别人会更怕你。”用这种方式助推，让他疯狂，让他加速灭亡。

二、如何应对职场“恶龙”

怎么让“恶龙”加速走向灭亡？

第一，往死里夸他，夸他现在的做法。列好一、二、三点腹稿，每次见面先夸他十分钟，换着花样夸。

第二，在他的核心命门上已经出现严重问题的时候，给他一些助力。不仅夸，还能提供一些帮助，淡定地推他往那个方向再走几步。

比如说他好色，你就跟他讲：“× 总，女性是伟大的揭示宇宙真理的存在，有些人有一个女朋友都不行，但是像您，有多少都算少。”比如说他业务上杠杆已经很重了，别人十个锅七个盖儿，他一百个锅只剩俩盖儿了。那你要这么跟他说：“好的生意人要敢赌，别人只有十个锅，您已经有一百个锅了，您锅如果再多，您的力量就更大，您的资源就更多。有句英文叫 too big to fail，太大不能倒，您在他们担心您的过程中变得更大，谁都不敢让您倒，您就会屹立不倒。”

第三，在他疑惑的时候，给他情绪价值。

当这个人疑惑的时候，坚定他的信心，激发他的赌性，稳定他的执着。当他一旦露出蛛丝马迹时，说：“我做的是不是太极端了？是不是处于太失衡的状态了？”这个时候你一定跟他说几点：“第一，您和您伟大的事业之间再坚持一小段就可以了。现在是黎明前的黑暗，您一定要守住。第二，您骑在老虎上，别人就不敢弄您；一旦您敢下来，不仅老虎吃了您，周围这些狼、豹、狮子也会找您麻烦。第三，忘掉事业上的风险，不要‘自我怀疑’。”

这些事是生活、职场里经常会遇见的。你不一定有机会用到，但要知道，要警惕。

那么，你如何识别团队中的“加速派”？

第一，那些跟你利益相关，又经常给你心理安慰的人，你要小心。

你的情绪价值如果是体系外的人给你的，你可以坦然接受，甚至给之回报。我提倡大家要交一些没有名利往来的朋友，隔三岔五要聚一次，保持着“相见亦无事，别后常忆君”的状态。

第二，在利益关系之中，给你很重要的鼓励、心理支持的人，要多做他的背景调查。

他的背景是什么？原来跟他相处的人对他的评价怎样？他在原来的公司做得咋样？通过做背景调查去审题。

第三，是非审之于己，按正确的方式拿到正解。

清楚自己的战略，守住自己的核心业务，把能量多花在常规套路上。定了、做了之后慢慢地就有了，成败安之于数，毁誉听之于人，就好了。

最简单的一个判断方法，就是你是不是能够听到不同的声音？你就想想过去一周，你有没有听到让自己不舒服的评论？如果没有，说明你自己把自己的言路挡得太紧了，你要听不同。

三、现代人的第三条路——走为上

其实在现代的环境里，还有第三条路，叫作“走为上”。

成事人不会损人利己，但一定会碰上一些恶人、恶势力。我主张对于恶人、恶势力，不要硬刚。做好、守住自己的核心业务，就是对自己最好的保护。

“治人、事天莫若啬”，“啬”也有收获庄稼的意思，古代国家强盛的根本是五谷丰登。在现代管理环境中，“啬”就是要深耕自己的核心业务，以及在核心业务里的产品服务，将其升到市场前列。

四、守好战略优势，多说无益

作为一个普通人、职场上相对弱的一方，学战略有用吗？有用，至少帮助你不输。

“鱼不可脱于渊。”鱼在渊，好事自然来；而鱼离开水，无法存活。你的制胜法宝你要守好、用好，不要轻易跟别人唠叨。多培养核心竞争力，多做自己喜欢的事情。

第一，想清楚哪里是你的“渊”，什么最滋养你。

第二，作为鱼，你最擅长什么?

第三，“不可脱于渊”，守住自己喜欢又能做的事，好事早早晚晚都会来。

“国之利器不可以示人。”成事的诀窍你可以跟人讲，但是没必要，你没有必要让别人认为你是对的。

比如，把自己的投资思想、投资目的反复跟别人说，如果说了一遍、二遍、三遍，别人还是不懂，那就可以停止了。你再多说，最后哪怕别人接受了，这个投资不会是一个好投资；你想招一个人，你把公司的理想、愿景、战略方式方法都告诉他了，说了两三遍，他还是一脸茫然，甚至一脸怀疑。那么就算最后你把他招进来了，这对双方来说，也可能都是一个错误。

作为简单、坦诚、阳光的人，总体上还是要认为事无不可对人说，大谋略别人偷不走，竞争优势不怕被人知道。但是不好意思，多说无益，也没必要多说。

余者损之：

会切蛋糕是强者的智慧

企业管理是否成功，一个关键点是能否『分好蛋糕』。

第七十五章

民之饥，以其上食税之多，是以饥；民之难治，以其上之有为，是以难治；民之轻死，以其上求生之厚，是以轻死。夫唯无以生为者，是贤于贵生。

百姓之所以饥饿，原因在于官员收的税太多，所以百姓没有饭吃。百姓之所以不容易治理，原因在于官员作为太多，所以百姓不容易治理。百姓之所以不怕死，铤而走险，原因在于官员奢侈、贪婪，所以百姓不怕死。所以，不追求生活高质量的官员，胜过那些贪图享乐的官员。

第七十七章

天之道，其犹张弓与？高者抑之，下者举之；有余者损之，不足者补之。天之道，损有余而补不足，人之道则不然，损不足以奉有余。

孰能有余以奉天下？唯有道者。是以圣人为而不恃，功成而不处，其不欲见贤。

天道，不就像调节弓弦吗？弦的位置高了，就往下压；弦的位置低了，就往上升；弓弦长了，就截掉一点；弓弦短了，就补上它。天道就是缩减多的，弥补少的。但人间盛行的法则却不是这样——掠夺贫乏的人奉献给富裕的人。

有谁能在富裕之后养育贫乏的人？只有有道的人。所以，有道的圣人做事了但不依仗功劳，成事了而不居功自傲。他不想显现自己的贤能。

在没挣钱的时候，大家很容易一条心。挣了钱，往往因为分配不均造成内部矛盾。同甘比共苦要更考验人性。如何分钱？如何同甘，又如何共苦？《道德经》中提出了最重要的解决方式。

第一，富者越富，贫者越贫，为什么是一个普遍现象？

第二，你富，你需要的是提高思想，强者要知止。以及，你为什么要知止？

第三，怎么才能让强者知止？

一、赢家通吃的真相

贫者的贫困，是因为富人榨取的太多。人难以管理，是因为管理者管理手段繁苛、强作妄为。自然之道是损有余而补不足，人类社会却经常相反，富者越富，贫者越贫。

有财富积累的富人，还可以通过加杠杆，再撬动几倍的钱。没有财富积累的人，哪怕看到机会也无从加杠杆。哪怕他有同样的胆量，同样的见识，他也没有资源和本钱竞争到机会。

企业层面也同样存在赢者通吃的现象。创业是九死一生，大概率十个企业最后生存一个。发展较好的这一个企业，最开始总是艰难的，但是一旦到了某个阶段，就会怎么打怎么有。市场份额从 1% 打到 20% 是艰难的，但是从 20% 打到 30%，40%，50%，60%，反而容易。

从事同样行业的两个企业 A 和 B，A 占市场份额百分之四五十，B 占市场份额百分之一二。这两家企业同时看到一个很好的市场机会，但是两家相比，A 有积累，B 积累相对少。在两家都没有出昏招的前提下，A 能拿到这个机会的概率就要大得多。

现实商业环境中，你和竞争对手经营管理、战略素养水平差不多，如果你比竞争对手的市场份额高出两三倍，你可以以更低的成本轻松拿到更多的市场机会。

富的公司，只要不出昏招，就会加速变强。直到行业出现了垄断，垄断者会得到垄断性回报。为什么政府要反垄断，要干涉？当一家企业形成实质上的绝对垄断之后，很难再有动力提高产品质量、再做研发了。市场会变得沉闷保守，日子会一天不如一天。

二、弱者翻盘要靠战略和人

那弱者、弱的公司该如何翻身？

第一，找到何处竞争。战略做得更好，胜算就比强者更大。

你能够清晰地在市场细分中切出一块儿，把你手上的牌集中打这一块儿。在极其精细的局部里，你可以做到比大公司实力强，你可以拿着这些资源和本金，再去拓展其他。

第二，团队文化好，执行能力强。

哪怕同样的战略，大家在同一个地方竞争，你是团队看上去不如对方，但是如果战略笃定性更强，那结果就会是，小米加步枪战胜飞机加大炮。

战略是不是出奇、战略执行力能不能胜出，这两点很关键。《孙子兵法》里讲“不可胜在己，可胜在敌”。要学会等待敌人的弱点，战略制定上的弱点、战略执行上的弱点。这也是为什么那些二十年前财富五百强的大企业，在二十年后不见得能剩下一半。

三、强者会知止才能长赢

因为强者容易恒强，弱者容易恒弱，强者更要知止。老子说，只有有道的人才能改变这个现象。“是以圣人为而不恃，功成而不处，其不欲见贤。”

第一，企业不知止，会盛极而衰。

市场里，弱的公司都被你干掉了，就剩你一个真的会好吗？你不能挣市场上所有的钱，甚至都不该挣市场超过三分之一的钱。《道德经》中的“物壮则老，是谓不道，不道早已”早就说透了其中的道理。

一旦你在行业里走到了垄断的位置，不仅你的动力、效率都会变得很低，你的员工会变得很傲慢，你离垮台也不远了。不仅有《反垄断法》来制衡你，而且商业环境也有自由森林法则，会自动均

把商场学农场

这好手把商场学

战场

马启

衡到自由竞争的状态。

第二，只有老板赚钱的公司持续不了。

大家都没钱的时候还好说，钱来了如何分，是个更关键的问题。只有老板挣到钱的团队走不长。大家正是需要钱谈恋爱、养爱好、养孩子、孝敬父母的年纪，员工赚不到钱，噘着嘴做事，和员工内心乐意地去做事，动力和产出哪个更好？

跟合适的人长期合作，效果远远好于为了省点钱，三天两头换人。用人者不能傲慢，不能认为给一笔钱、一个机会，想干的人大把抓。换人的沟通、磨合等隐性成本，要远远超于你省的那点钱。

第三，大企业不能压榨上下游、合作方。

大公司有更大的话语权，即使这样，也不要把人家的利润率压得过分低。不能也不应该把上下游，把前后左右的合作方的钱都赚了，那样无法有稳定的、充满创意的供应链体系，自身无法走得长久。

“知止不殆”的道理虽然浅显易懂，但是强人往往难以抑制住自己。因为公司、霸道总裁，通常也都是从 1% 的市场份额做起来的，他们有饥饿的记忆，所以在他们能多吃多占的时候，很难好好“分蛋糕”。

我只能说，最重要的还是要提升我们的商业三观。要意识到，虽然短期能拿到的很多，但如果生态系统被破坏了，谁也不能长期稳定受益。

摁住自己的占有欲、企图心是难的，但是要留出口饭给他人吃。去趟 ICU，去趟坟墓，去趟寺庙，想一想自己到底是不是该要这么多？多读书，多行善，多分利，都是积阴德，对余生有好处。

善

领导篇

上善若水

以其不自生，故能长生

天地不仁，以万物为刍狗

多言数穷，不如守中

自爱，不自贵

强大处下，柔弱处上

少则得，多则惑

恬淡为上

物壮则老，是谓不道

企者不立，跨者不行

上善若水：领导者的最佳气质

智者要做世上的盐，
领导者要做世上的水。

第八章

上善若水。水善利万物而不争，处众人之所恶，故几于道。

居善地，心善渊，与善仁，言善信，正善治，事善能，动善时。夫唯不争，故无尤。

最高境界的善就像水一样。水善于给予万物，而不是从万物那儿争抢，它待在众人厌恶的低处。所以它近似于道。

有道的人，像水一样，住在低处，内心深沉包容就像深渊，像水一样仁爱地给予他人，像水一样说话诚实有信，像水一样良好地管理国家，像水一样做事时发挥能力，像水一样行动时顺应时势。正因为不和人争夺，所以不会招来怨恨。

第六十六章

江海所以能为百谷王者，以其善下之，故能为百谷王。

是以欲上民，必以言下之；欲先民，必以身后之。是以圣人处上而民不重，处前而民不害。是以天下乐推而不厌。以其不争，故天下莫能与之争。

江海之所以能成为众多河流的王者，因为它善于处在低位，所以能容纳百川，成为王者。

所以，要想身居上位治理百姓，就要在言语上表现出谦卑；要想在前面领导百姓，就要在分利时把自己放在后面。所以，有道的人处在领导位置的时候，百姓的负担不沉重；站在队伍前列的时候，百姓的利益不会受损害。所以天下的人都喜欢推举他为领导者，一次又一次。因为他不与民争抢，所以世间也没有人能和他争领导位置。

这一课的核心词是领导风格，讲讲上善若水这种领导风格。当然，领导风格不只上善若水，也有杵倔横丧的领导风格，有愚公移山的领导风格，各种各样都有。咱们讲讲领导风格，要点是：

第一，我是上善若水的领导风格吗？我是否赞成管理者做上善若水的领导，以及为什么？

第二，怎么做上善若水的领导？

第三，上善若水的领导，常见的三个误区。

我把我的故事说给你听，你看你要不要做上善若水的——老子最推崇的——领导。如果你决定做，怎么做？以及你要避免什么坑？

一、管理者要做世上的水

个体是渺小的，大道是存在的。领导者能做、该做的是推动，而不是一个人像艺术家那样从零到一、从无到有，一个人打开一片天，其他人都是配合。如果你是 KOL（关键意见领袖），我认为你要做世上的盐；如果你是领导者，我觉得你要做世上的水。

第一，性质稳定，有事能接住，有难能淡定，恪守自己的本分，恪守管理之道、管理之德，就像水一样。世上有茶，有酒，有各种饮料；但是你的最终选择，会是最简单稳定的水。

第二，水是生命的基础。你要做其他人的基础，其他人因为你而成就；你也因为其他人的努力、其他人的创造而被成就。你做的并不是自己显山露水，而是让别人因为你在而闪烁。

第三，管理者要有底线思维。你做底线思维，你给大家兜底，让大家放心往前冲。水无色无味，似乎没特点，但能成就其他人，能为其他人提供最基本的安全感。

做到上述三点就是最好的管理者，可上可下，一直做背景，一直成就大家，一直为大家保驾护航。自己似乎什么都没做，但在你的帮助下成就的人，都该明白你有多重要。

冯唐是不是上善若水的领导？这事要别人评，但是我能确定的是，我是向这个方向去努力的。别人做好了、做对了，我尽量鼓励别人，别人做差了，我尽量兜着别人。

但是在我自己的创作领域，我一定不是上善若水的人。我只有我一台机器、一支笔、一张纸，我一定要找到最适合用力气的地方，一刀插进去。我就是那个战士。所以我有人格分裂的地方。

意见领袖应该是世上的盐，管理者应该是世上的水，创作者应该是这个世上的精灵、这个世上的战士——能够从无到有，能够破除桎梏，做一些如果没有你就没人能做的事。

二、如何修炼柔性领导力

1. 抓大放小，摁住自己的手

战略定好，人选好，责任权利分配好；剩下就让自然的事自然而然地发生。如果你还想在具体事务上有点存在感，那就去做点政府关系，跟合作方钓钓鱼、打打牌、吹吹牛，陪员工吃饭喝酒，提供些情绪价值。你是水，水浇进花瓶，是花开，不是水开，水开那叫煮水，你要认清楚自己的位置。

上善若水是不管花开花落，水一直在，你要有承载，你要推功揽过，要给人持续保驾护航。抓大放小，意味着摁住自己的手，别去做只让自己露脸、脸上增光的事，别总是自己在镁光灯下蹦跳。就让其他花草、其他飞鸟去做，你乐得做平淡无奇的一汪水。

2. 有担当，做给大家兜底的人

光不显山露水、不争奇斗艳就完了吗？不，你要给大家托底。你是有承托力的，你是有兜底力的。别人大胆尝试，出了什么事你要站出来负责，这样以后别人才敢继续往上冲。你是基础，你是最下端，你是最底层，你是别人无处可去的时候能够找去的地方。

3. 柔性领导，放软身段多容错

宁可软一点，多容错。别一看自家小朋友受欺负了，立刻打上门去——那不是水，那是野狗。猛兽风格的领导，往往团队成员没打胜仗，灰头土脸地来了，他先扇人一巴掌，然后自己蹿出去打。

管理者要做世上的水

冯唐书

水一样的领导，会说“没关系”，替人洗去征尘，自己安安静静地淡定一阵，复复盘，有水在，大局在，大面在，不会倒。然后再想想，怎么让吃过败仗的团队成员恢复重生，怎么去打翻身仗。

多容错，多包容，多激励，多鼓励，再给第二次、第三次机会，像水一样一直在，可以在好几个春天里，让花多开几次。

三、上善若水的三个误区

1. 不是不做，是给机会让别人做

对该软的人软，对该包容的事情包容，并不是没有力量。

柔性领导要有自己硬刚的能力，持续保持能干的状态，可以自己干好，只是选择自己不做，交给别人、辅助别人去做，培养团队可以实现更多。

能干，不去干，这是柔性领导绝妙之处。

2. 处下不爽，但要主动选择和修心

“处下”，不是被动地让人骑在你头上，而是主动选择包容人和事。

柔性领导真挺难的，大多数时候你恨不得自己拎着棒子出去干，这口气是可忍，孰不可忍！

宰相肚里能撑船，我建议柔性领导设身处地去想想这种痛感，从不自然到自然，从忍受到享受这件事。

3. 与人分利，是金标准

把大家的利益放在自己的利益之前，蛋糕给自己切得稍稍少一点，实际上管理者拿的蛋糕再小还是比其他人的大。

古代皇帝再委屈，毕竟还有宫殿，还有三妻六妾。你该有的享受，还是比普通人多得多。柔性领导者要记住，其实你比别人过得好。与人分利，大秤分金，才是柔性领导的最终金标准。

谷神不死：
女性之力如何运用于管理

女性是更接近于『道』的生物，
女性之光引领人类前进。

第六章

谷神不死，是谓玄牝。玄牝之门，是谓天地根。绵绵若存，用之不勤。

大道像山谷一样的“空”永远不会消失，它是充满奥秘的母兽。充满奥秘的母兽的门，是天地的根源。它连绵不绝，若隐若现，它的作用无穷无尽。

第五十一章

道生之，德畜之，物形之，势成之。

是以万物莫不尊道而贵德。道之尊，德之贵，夫莫之命而常自然。

故道生之，德畜之，长之育之，亭之毒之，养之覆之。生而不有，为而不恃，长而不宰，是谓玄德。

大道生育万物，德性抚育万物，万物有了形体，环境促使万物成长。

所以万物无不尊重大道、珍惜德性。大道和德性的这种尊贵地位，不是谁任命的，而是自然恒久的样子。

大道生育万物，德性抚育万物，让它们生长，发育，使它们成熟，细心呵护它们。生育万物而不占有，成就它们而不居功自恃，引领它们而不主宰，这就是最深远玄妙的德。

这一课的主题是，女性之力如何运用在管理里，如何运用在生活里。

两个要点：第一，两千多年前的老子是古今中外对女性最友好的思想家之一，特别是在中国，特别是在古代；第二，冯唐这个前妇产科大夫，从现代管理的角度看女性之伟大。

一、女性更接近道

老子是古今中外对女性最友好的思想家之一，《道德经》中与女性有关的比喻有“谷神不死，是谓玄牝”，“天下之牝，牝常以静胜牡，以静为下”，再比如说“天门开阖，能为雌乎？”，再比如说“知其雄，守其雌，为天下谿”。

如果让老子挑，老子一定会认为“雌”比“雄”更接近于大道。

女性是更接近道的生物，女性之光引导人类前进。

第一，女性比男性漂亮。你看生物界大多数物种，都是男性好看，女性相对没那么耀眼；可你看，到了人类社会里，多数情况下是女性美丽闪烁，男性油腻猥琐。

第二，在我的工作经验中，犯大错的大多是男性。因为男性有一个致命的诱惑就是干大事，把自己放在事前面。小事他可能无所谓，一到说争强好胜之时，男性立刻就支棱起来了。他认为世界就是一场战争，世界就是一场游戏，我要赢，这才是一切。女性会更放松，会更具体，一餐一饭、一颦一笑，我开心就好，明天是另外一天。现实生活中，现实管理中，哪儿有那么多胜负？胜了又怎么样？恶性竞争有什么好处？过去就算了。

第三，女性天生比男性知道大道——大道更像女性，转回来女性也比男性更知道大道。大道是什么？知道轮回，知道进退，知道无常是常。女性每月有几天非常难受，不得不忍受，想到人生无常、世界无常、人类无奈、女性无奈；无奈感一旦闪现，正是智慧精进之时。女性接近终极智慧的机会还是要比男性多得多。

二、女性的管理优势

1. 女性更能顺势而为

聚焦在管理之道，女性讲究接受，讲究顺势而为。一个个体无论多强，他的力量也是渺小的，他应该更顺应总体力量的平衡。

在这个平衡过程中，他并不是完全“躺平”的，而是做某种推动、某种撬动。女性容易把精力集中在一点，把自己周边的环境收拾好，把手上的事做好。很多二货男性，认为世界尽在掌控，把太多的精力、时间，花在听、分析、处理那些跟自己关系其实不大的事上。现在世界上有多少战乱，什么地方又开了什么大会，有个品牌又翻车了，有个火箭又上火星了，跟你真的关系那么大吗？女性通常不会太想这些事，男性似乎天天都想这种事。

2. 女性在工作上更本分

女性倾向于观察局部，把自己能控制的那部分管好。就像无为不是什么都不做，而是把自己最该控制、最该管好的基本业务管好。王阳明看到竹子的时候，就想到“致知，诚意，正心，修身，齐家，治国，平天下”，男性想得太多、太复杂。女性“治大国若烹小鲜”，男性“烹小鲜若治大国”。

3. 好的领导思维是母亲的思维

“生而不有，为而不恃，长而不宰，是谓玄德”，这不是男性人定胜天、总要逞强的思路，而是母亲养育孩子的思路。甚至在“生而不有”的同时有另外一个概念——我生我养。什么意思？接受。母亲孕育孩子，无论孩子多丑、多傻，她都认为他是个人才。只要是人就是人才，只有不会用人才的人，这是老子的观点，也是我认同的思想。

多数母亲明白——孩子不是她，一定有孩子的个性，一定不需要事事听她的，有他成长的道路，总有一天把他抚养成人之后，剩下的路就应该让他自己去走。在老子心目中，这也是道与万物的关系、圣人与百姓的关系、领导与被领导的关系。

好的领导力，是母性的思维。现在有一种说法，如果人类社会规定一把手必须让女性来当，这个世界有可能在男性眼里效率会低一点，但是在总体人类的视角下，很可能这个世界会变得更好一点。如果有选择，我更倾向于女性的管理风格，就像我喜欢道家的风格胜于法家的风格。

三、女性打破天花板需要注意什么

女性管理虽然有诸多优势，但是还有一些需要注意的地方。老子也说过没有完美的事情，没有万全的事情，女性虽然和男性相比，占好大的优势，但是女性并不是没有潜在的弱点，相比男性：

第一，当女性走到极端时，护短。有些当妈的就是因为母性而不愿放手，再丑的孩子在她眼里也是金城武，如此养出很多“妈宝”。自己再差的生意，做得再差的团队，只要是自己管的就是好的，自己说一两句还行，别人敢说任何一句，她就跟你急。

第二，女性更容易情绪化，更容易在小事上太要面子，过分在意别人的看法；做不到不要脸，做不到以事为先。

第三，女性非常在意保护。对自己的事情、项目、公司容易过度保护。在该突破、推翻的方面做得稍微差点。所以女性管理要注意一点，不要过分仁慈。如果天地过分仁慈，树木从来不死，动物从来不死，那世界会是什么样子？过分仁慈是对整体价值的破坏。

管理需要刚柔并济。如果刚和柔需要偏向一方的话，我宁可选择柔，“柔弱胜刚强”。

希望在这个时代，女性管理者能够打破职场天花板，不断向上走；克服自己潜在的弱势，发挥自己比男性高得多的优势。同时也希望那些霸道男总裁认识到女性管理之妙、之好、之力量，平时多向女性和女性管理风格学习，多向女性对自己的要求学习。

心中无奈闪过
乃是智慧精进
之时

冯唐

圣人不仁：
把团队带好就是最大的慈善

不要树立起欲望的旗帜，
不要用邪招。

第三章

不尚贤，使民不争；不贵难得之货，使民不为盗；不见可欲，使民心不乱。

是以圣人之治：虚其心，实其腹；弱其志，强其骨。常使民无知无欲，使夫智者不敢为也。为无为，则无不治。

不推崇所谓贤能，使百姓不竞争不比拼；不珍贵难得的物品，使百姓不去偷抢这些物品；不展览会让人产生欲望的东西，使百姓的心不混乱。所以有道的人治理天下，让百姓的内心纯朴，让他们的肚子吃饱，减少他们的各种思虑念头，强健他们的身体。长期地让百姓没有巧诈，没有贪欲，让聪明的人不敢要小聪明，不乱作为，社会就没有不可治理的了。

第五章

天地不仁，以万物为刍狗；圣人不仁，以百姓为刍狗。

天地之间，其犹橐籥乎？虚而不屈，动而愈出。多言数穷，不如守中。

天地是没有仁爱等情感的，它对待万物就像对待祭祀用的草狗，用完就弃。有道的圣人也是没有仁爱等情感的，他对待百姓也像草狗。

天地之间，不就像一个大风箱吗？虽然箱体空虚，风

源源不绝，越是运动，吹出来的风就越多。说得多会困住

自己，不如守住内心吧。

我解读这两章，提三个重点：

第一，权、钱、色、名，这些欲望不要太看重，不要过度宣传它们，不要把它们当成驱动个体、团队、公司的主要工具。

第二，领导应该秉着一颗什么样的心看待基层员工？你不要以一个俗人的仁心去看待，相反，你要“不仁”。按照大道、正确的方式去做好基本的事情，才是对基层员工最好的锻炼和培养。不要做一个老好人、烂好人、一个什么都管的人。

第三，说的太多，想的太多，计划太多，方向变的次数太多，你遇上窘境的次数也会变多。不如少说、少想、少盘算、少计划。

一、调动积极性不能用邪招

《道德经》中的“圣人”代指国君。老子主张“圣人不仁”，圣人不应该是仁慈的人，不是老好人。冯唐从管理的角度上解读：把团队带好，才是最大的仁慈。

《道德经》第三章、第五章是容易引起争议的名篇，读之前，你先考虑到三点：第一，老子是两千多年前的人；第二，老子用词跟今天用词的含义，有重大差异；第三，《道德经》有其时代背景，时代造成老子有矫枉过正的倾向，他需要提出跟当时思潮相反、极端

的说法。

“不尚贤，使民不争；不贵难得之货，使民不为盗；不见可欲，使民心不乱。”

从管理的角度上讲，要看重工作的基本面。无论发展到什么地步，老老实实干活，干最该干的活，把基本面弄扎实。人性让你追求的东西、周围人都喜欢的东西、其他公司都想要的东西，不要去追求，不做有的没的。先让自己的架构、流程、组织能力变得更强。

具体打仗的时候，个别战役、个别时候，带着个别团队，你有点奇思妙想，用点权谋，我不完全反对。但是绝大多数时候，奇技淫巧、搬弄是非、阴谋诡计，只能帮一时一事，帮不了长久，不能让公司基业长青。所以不要搬弄是非，不要崇尚奇技淫巧，不要挑动群众斗群众。

二、用欲望驱动人是条邪路

“见可欲”的坏处，就是你让大家去追求欲望，会出现三种问题：

第一，不能放平心态去做事，把大的欲望摆在了事情之前，会让大家因为贪念动作变形。

第二，大家价值观趋同，就会出现恶性竞争。我一定要在最年轻的时候挣最多的钱，成最大的名……千军万马过独木桥，造成无意义的内卷。

圣人谈不上仁与不仁
因为他也只是众多
力量中的一个

冯唐

本来可以为着共同的目标，大家互相配合协作，结果变成了你死我活。有敌对关系的两个人都练《葵花宝典》，双双自宫了，还是谁也灭不了谁。

第三，目标定得不对，通向“欲望”的道路，会变成一条邪路。

我们都知道哈佛女孩刘亦婷，1999 年她被哈佛大学以全额奖学金特招录取。她父母说，他们培养出一个天才儿童，这种成功是可以复制的，于是写了本书《哈佛女孩刘亦婷》，卖了非常多。我听说，其中培养孩子的方法，包括让孩子捏冰块锻炼意志力。这就是我痛恨某一类成功学书的原因，它们列的因素跟成功没有因果关系。意志力超级强大就拿得了全额奖学金去哈佛吗？

如此“鸡”娃是一条邪路。如果是天才，哪怕你压着他，他也是卡夫卡、凡·高、莫扎特。如果不是天才，你“鸡”完了教育部分，然后呢？让一个孩子过早地显示出比周围小孩强，每一步都拿到最好的，一辈子高歌猛进，他就能过得开心吗？你早晚有一天会“鸡”不动他，你也早晚有一天不懂他做的事情，孩子可能会加速反弹。在娃被“鸡”的漫长岁月里，精神能持续健康，才是奇迹。

父母本职的工作是做好自己，给孩子吃饱穿暖，让他们自由发展。

三、不讲仁慈，要讲管理之道

《道德经》中被误解得最广的就是“天地不仁，以万物为刍狗；

圣人不仁，以百姓为刍狗”。

“刍狗”，是用草扎成的狗，用于祭祀，代替真的狗。所以很多人直接把“天地不仁，以万物为刍狗”理解成天道的残酷。在天地发生灾异的时候引用说，老百姓好可怜，万物真可怜呀，天地不仁，把我们都当狗。这样其实就把老子这句话用窄了。正解是什么呢？

天地就是天地，圣人是明白成事之道、成事之德的人，这些就是无为、就是正常，其实都谈不上仁与不仁。无论是大自然中最厉害的天地，还是人类社会里最杰出的圣人，需要做的不是尽量显示自己多仁慈，多么有怜悯心。而是按规律办事，按道的方式去办事。

要意识到无常是常，不能认为自己可以干涉因果。你，哪怕你是个圣人，你也只是众多力量中的一个。

从个人角度上讲，人处在世界上，不能依靠天地，不能依靠圣人，甚至不能依靠父母。考虑的核心，问题的起点，还是依靠自己，依靠你自己对道的把握。如果大道跟你合二为一，你就是道，道就是你，你不需要天地，不需要圣人，你不需要冯唐。

“天地无私，而听万物之自然，故万物自生自死，死非吾虐之，生非吾仁之也。”苏辙《老子解》的解释跟我方向是一致的。在管理中，如果老板整天关注员工细枝末节的事情，这是仁吗？

作为老板，管自己最该管的那几件少数的事，让管理层和员工，都能够自然而然地发展和流动，这才是你该做的事情。

四、不妨做个内向的人

“多言数穷，不如守中。”人听到太多的声音，说了太多的话，想了太多的事，会让自己陷入一种内心的焦虑。与其这样让自己处在困境之中，不如守住自己的内心世界。我只分析我该分析的几个关键议题，其他不看、不听、不说、不管。世界上有两类事，一类是关你屁事，一类是关我屁事。

外面的世界无论精彩不精彩，都是外面的世界。一个专业管理者，想要在这个世界上生存，那就要知道，守住自己的事情，才是让你能体会到精彩不精彩的决定性因素。

MBTI 16 型人格测试把世界上这么多人口分成 16 类，我并不把这玩意看得很认真；但是它有一个好处，就是你能大致分辨一个人有可能做事、想事会是什么样的风格。老子是什么类型的人格？我猜老子和我都是 INTJ，建筑师型人格。

附：MBTI 评判维度

引用自“MBA 智库”：MBTI 人格理论（迈尔斯类型指标，Myers Briggs Type Indicator，MBTI）——国际最为流行的职业人格评估工具。

精力支配：外向 E（extrovert）—内向 I（introvert）

认识世界：实感 S（sensing）— 直觉 N（intuition）

判断事物：思维 T（thinking）— 情感 F（feeling）

生活态度：判断 J（judgment）— 知觉 P（perceiving）

I，内向，他应该是个内向的人，很难想象一个图书馆馆长、一个国家史官爱说话，喜欢拉人聊天，搬弄是非。

N，直觉，他是用直觉写的《道德经》，他看了那么多历史资料，看了那么多人事变迁，用五千字就归纳总结了他对这个世界、对帝王术、对管理术的看法，如果不是一个依靠直觉的人，五千字下不来。如果你看过《韩非子》《庄子》，你就知道我是什么意思。

T，思维，对比《论语》，《道德经》感性层面的东西少。它更多的是告诉你事物运行的规律，事物运行的底层是什么样的驱动。

J，判断，老子是一个有组织性，喜欢归置东西的人，《道德经》八十一篇，八十一这个数——九乘九，九又等于三乘三，看上去就很干净，这种干净给有计划的J人巨大的心理满足感。

“多言数穷，不如守中”，这是我跟老子这样的超级I人给大家的建议。在现在这样一个纷繁复杂的世界里，多说不如少说，不如“守中”，让我们安安静静地在信息洪流里过好这一生。

天下至柔：柔弱是上位者的艺术

在大的组织机构中，强大处表面、处一线，柔弱处核心、处总部。

第四十三章

天下之至柔，驰骋天下之至坚，无有入无间。吾是以知无为之有益。不言之教，无为之益，天下希及之。

世界上最柔软的东西，能够在世界上最坚硬的东西里恣意穿行，无形的力量能够进入没有缝隙的地方。我于是知道了“无为”的好处。潜移默化的教育、“无为”的好，天下很少有人能够做到啊！

第七十六章

人之生也柔弱，其死也坚强。万物草木之生也柔脆，其死也枯槁。故坚强者死之徒，柔弱者生之徒。

是以兵强则灭，木强则折。强大处下，柔弱处上。

人出生的时候，身体柔弱，人死的时候，身体僵硬。万物草木，出生的时候也是柔软脆薄，它们死了后就干枯了。可见，坚强的东西，应被归在死这一类；柔弱的东西属于生这一类。所以，军队太强悍，容易灭亡；木头太强直，容易折断。在万物生灭的规律里，强大实际上是处在下位的，柔弱才在上位。

这一课讲一个跟大家通常的印象相悖，但是跟常识相符的东西，就是柔弱胜刚强。在生活中、职场里，有时候强大不是好事。我们要相信柔的力量，学会把强大转化为柔弱。

第一，有时候强大确实不是一件好事。

第二，学会把强大转化为柔弱。

第三，为什么在大一点的组织机构中，“强大处下”，强大处表面、处一线；“柔弱处上”，柔弱处核心、处总部，原理是什么？

一、好强、慕强是人类本性

我总劝女生理解这个世界，男生渣其实并不违反自然，虽然这不意味着他对，并不意味着你能纵容他。有一女生正襟危坐跟我说：“我觉得您说的特别对，男生渣就像女生慕强一样，这是基因使然，人性使然。”其实无论男女，都有好强之心，都有慕强之心，男生尤甚。很多男生的渣都来自他觉得他强。

历史也同样是被强者书写的，有人被羡慕、被崇拜、被模仿，这也是历史的必然。比如：“生不五鼎食，死即五鼎烹。”“生当作人杰，死亦为鬼雄。”“一万年来谁著史，三千里外欲封侯。”都让人热血沸腾。

崇拜强大，本身是人类很难逾越的人性本性。

二、硬撑之人，难以长久

有时候，强大确实不是一件好事。

第一，强大容易被夸大或扭曲。如果你没这么强，侥幸胜过，就被顶上去了，那之后你就只能发挥多倍的力量。你的团队、你的野心、你的脸面不允许你后退。一旦亮了剑，就得一直坚持亮。但好强、硬撑必然损耗。不必过早硬要到达一个位置，晚点到或者不用到，也许整体更有利。德才配位，成名趁晚，才可以走得更长。

第二，好强的人容易被利用。在管理上，调动员工积极性，其实就是激发员工的好胜心。很多领导本身就好胜，有人挑逗他说："能做出这么多的成绩，您就是天选之人，再往下做，您只能被天际线所限！"当你能调动巨大的钱和资源时，身边一定有人吹风，这时候你再好强想"干票大的"，就容易被利用。

第三，强大是短期的，不可持续的。一个人一直追求强，容易自己崩断。不崩断，也可能遭到外界爆锤。

就像花开就会有花落。你不要希望花一直开，就像你不能期望月一直圆，这违背常理。

三、强人更要会用柔弱之力

如果你是能强大、能雄起的人，如何在强大之后管理自己？学会把强大转化为柔弱。

柔弱意味着坚持的时间更长，意味着你有选择——你可以强大，但是多数时候你不用硬挺着、不用装着、不用“端”着。最大的柔，是包容，包容性最大，持久性最大。

柔的时候，不过是你不用站在镁光灯下，不用拿起屠龙刀大杀四方，你还可以持续做事。人生是长跑，在某个瞬间你也可以短跑，这就是生生不息、源源不断的力量。“天下有常胜之道，有不常胜之道。常胜之道曰柔，常不胜之道曰强。”（《列子·黄帝》）柔弱胜刚强，小强胜大强。

柔弱，并不是“躺平”、躲事、避事、放下事。相反，柔弱有很多好处。

第一，慢工出细活，专注于自己该干的、关键的事情，给核心业务更多的时间和注意力，持续地磨炼和输出。

我二十多年前曾经在一个“针头线脑”的公司做暑期工。这家公司的针头、注射器、采血管，占美国一大半市场。单是做针头这件小事，他们有十几个重要的技术秘密、上百个操作环节。

再比如，万宝龙钢笔起源于一个特别小的需求，就是笔随时用都能出水。从简单的需求出发，制笔人一再打磨，才发展成一百年之后的万宝龙品牌。

第二，柔弱能日久见人心。建立牢固的同伴关系，也需要投入时间。你跟你的同伴、团队之间，共同面对困难，共同分享喜悦，每年都能有一半的时间混在一起。那彼此之间的韧性、笃定，彼此接近于无保留的信任，这不是一种力量吗？

第三，职业生涯是一场马拉松，短则二三十年，长则四五十年，你要给自己更多的时间。

2000年，我在麦肯锡做咨询顾问时，大中华区共有三十个人，我是最早两三个被考虑做项目经理的人。但是第一批升项目经理的人里没有我。我和导师说：“我比别人差在哪儿了？”他没有论证我比别人差在哪儿，他只是说：“职业生涯是场马拉松，早半年、晚半年不是大问题。你业绩做到了，你职场智慧、管理智慧到了那个份儿上，人家不给你职位、薪资，人家都不好意思。别着急，慢一点。”

回头想想，如果我当时上蹿下跳，跟各路领导理论，其实领导也会很不开心。太急于上升的年轻人，给领导很大压力，让管理很难前进。

所以，柔弱是把强大收敛起来，平时不会锋芒毕露，到该顶上的时候还要能顶上。我不争表面上的名、利、权，但是继续关注我的核心业务。

四、柔弱是上位者的艺术

“强大处下，柔弱处上”的原理是什么？假设一线是“下”，总部是“上”，一线是去挣市场份额的，是去打天下、去争客户的，这些人要刚强一点；总部是做通用管理的，有法务部、财务部、战略部等，这些人要柔和一点。

萧何和韩信的分工，就是柔弱和强大的分工。没了萧何能有韩

慕强是历史的必然

冯唐

信吗？非常难。没了韩信，就不能再培养另外一个韩信吗？也有困难，但是不是说绝对不可能。如果你让刘邦二选一，必须选一，有他没我，有我没他，你猜刘邦会选谁？一线要做的是跑得更快、跳得更高、投得更远，而总部要做的是协调工作、处理矛盾。

管理是模糊的艺术，是妥协的艺术，是不完美的艺术，总部做的多数是这类艺术。总部逞强，就容易跟一线打起来，容易自己跟自己打起来。跟做一线的人相比，总部的人曝光度不够，不显山露水，就是为之下，没事就是最好的事情。

商鞅变法和王安石变法，都是自上而下发起的激进型变法运动。商鞅变法成功是偶然现象，王安石变法失败是历史的常态。

秦孝公和商鞅在前几代的家底积累基础上，坚持己见，采取激进的变革主张，并取得了极大成功。秦国从贫弱之国一举成为战国七雄中的最强黑马。但是结果如何？秦孝公死后，商鞅全家被杀，商鞅在咸阳街市上被五马分尸。有意思的是，商鞅死了，大家的仇解了，但商鞅的变法主张未被废除。

王安石变法是宋神宗时期的改革运动。在他之前，还发生过范仲淹变法。两场变法都是失败的结局。史学界有一种说法："反对范仲淹的，全是当时所谓小人，而反对王安石的，则大多是当时的所谓君子。"（钱穆《国史大纲》）。

反对王安石变法的人有富弼、文彦博、欧阳修、韩琦、唐介、司马光、苏轼、苏辙、范纯仁，其中有不少我们熟悉的人，而且我们确知这些人不是纯傻子。宋人戏称王安石为"拗相公"，他自视甚高，反对他的人，他就骂他们"不读书"，是"流俗"。王安石固执不听人劝，不能跟当时的清流们和衷共济，结果被一群小人所包围。他爱的神宗死后，哲宗继位，起用司马光为相，王安石新法即被废除。

所以，“强大处下，柔弱处上”，才能持续你好、我好、大家好，同时坚守大道，坚守原则。反之，世界不会太美好。

不知有之：高段位领导都做好了哪些

领导的职级有高低，
内在领导力的段位却另有高下。

第十七章

太上，不知有之；其次，亲而誉之；其次，畏之；其次，侮之。

信不足焉，有不信焉。悠兮，其贵言。功成事遂，百姓皆谓“我自然”。

最高级的领导者，下面的人只知道有他这个人存在；次一级的管理者，下面的人亲近他、夸赞他；再次，下面的人害怕他；再往下，下面的人辱骂他。

领导者经常说话不算话、信用不足，下面的人就不会信任他。悠闲着点啊，轻易不要发号施令！成就功业、事情顺利完成，百姓都说：“我们自然就干好了。”

第五十七章

以正治国，以奇用兵，以无事取天下。吾何以知其然哉？以此：天下多忌讳，而民弥贫；民多利器，国家滋昏；人多伎巧，奇物滋起；法令滋彰，盗贼多有。

故圣人云：“我无为，而民自化；我好静，而民自正；我无事，而民自富；我无欲，而民自朴。”

用正道治理国家，用奇招打仗，用“无事”的方式获取整个世界。我为什么知道这些呢？因为是这样：这个世界，不让老百姓做的事越多，老百姓越穷；百姓手中的武器越多，国家就容易动荡；人的机巧越多，违背常理的事情就频繁发生；法律条文越多，盗贼就越多。所以有道的圣人有句话：我“无为”，老百姓自己就会把日子过好；我喜欢静，老百姓自己就走上正确的路；我“无事”，不折腾，老百姓自己就会富裕起来；我没有过多的欲望，老百姓自然就会淳朴。

我们讲一讲领导的等级，哪怕他是霸道总裁、是一把手，甚至是皇帝，也有高低。咱们讲三个要点：

第一，领导力怎么分级？领导的分级，你是一星领导、二星领导、三星领导、四星领导还是五星领导？

第二，在无为无不为的大方针下，你如何治国，如何取胜，如何得天下？老子的《道德经》过去是给帝王用的帝王术，在现在是冯唐讲的管理术。那我们不好胜吗？我们好胜。只是我们取天下的方式、我们制胜的方式，跟其他人说的邪门歪道不一样。

第三，说说规矩这个事，说说规章制度这件事，特别是内部规章制度这件事。每个公司小到两三个人，大到几十万人，都会有形形色色的规章制度。对于这种规章制度，我是一个什么样的态度？老子是一个什么样的态度？

一、四个层次的领导：圣主、明主、雄主、昏主

《道德经》第十七章把领导做了四个分级，一星领导到四星领导。

第一层次的领导是什么样的？神一样的存在——古之圣人。

老子认为，应该从结果去看，从受众的体会去看。在古之圣人的统治下，老百姓“日出而作，日入而息；凿井而饮，耕田而食；帝力于我何有哉！”。早上起来干活，日头落下休息，凿井喝水，种田吃饭，在古之圣人的统治下，老百姓甚至觉察不到刻意的统治。

用“古之圣人”的管理理念，公司员工甚至不会觉得有领导。员工也会非常自信地说：“CEO、霸道总裁有啥用呢？他是干啥的呀？这个公司为什么要给他开工资呢？”

这种圣主、领导不在文章之上，也不在规章制度里，他就像空气，像水，像天和地，无处不在，但他又很少让你意识到他的存在。

第二个层次的领导，虽然他不是神级、圣级的领导，但绝对是个好领导。

比如，像周文王、周武王一样的开国明君。老子认为，自然天性是不需要人管的，即便是所谓“仁政”，也会破坏人的自然天性。

这种层次的君王、领导是让老百姓、员工又夸又爱的。他们虽然用“仁政”破坏了一些人的自然天性，但他能抑制住自己管理的冲动，管得相对少，能够大多数时候让组织自然而然地去运行。他自己能做到节俭用度，让下面的人能安居乐业。

第三个层次的领导，可以定义为“雄主”。

他们看似勇猛，看似能干，看似有威严，但是从创造的价值来看，从员工的角度来看，他们并不是好君主。天大地大，剩下就数他们最大。可是老百姓的日子过得并不好，也没有多少空间享受自己该有的自然美好生活。

第四个层次的领导，可以理解为“昏君”了。

比如，刘禅这样扶不起的二代，不想当皇帝的料，别人非让他当，那就是昏主。他看上去也似乎无为，实际上该干的正事都不能为。

二、管理者的自我修养

我同意老子的排序——圣主、明主、雄主、昏主。最好的管理者就是让员工“不知有之”，我不知道有领导，我觉得没他也行。

好的管理者，要修炼自己的哪些特征呢？

第一，管理者要少夸奖自己。

“悠兮，其贵言”，管理者珍惜自己的讲话，不要说大话、空话，不整天讲夸自己的话。少开会、少训话。越说越容易失去公信力。

“功成事遂，百姓皆谓‘我自然’。”事做成了，业绩出来了，老百姓都觉得这是自然而然做出来的，是老天之力。所以，领导要常常退一步，要推功揽过，让下属能够有成就感，这样的领导才是高明的领导者。

第二，管理者要降低自己的存在感。

宋仁宗有天晚上在寝宫里听到丝竹管弦声，男男女女的欢声笑语，就问宫人说：“这是何处作乐？”宫人说：“这是宫殿外的老百姓在酒楼作乐。”宫人非常羡慕，幽幽地感叹了一句：“您听，宫外的生活多么美好！不像我们在宫里冷冷清清。”宋仁宗就纠正宫人：“正是因为我们冷冷清清，老百姓才能这么快活。”宋仁宗能想到自己不折腾，老百姓就能过得更好一点，并坚持不折腾，了不起。

第三，管理者要有定力、内驱力。

其实，这四个层次领导的主要区别就是能不能做到无我，能不能把自己放在成事的目的之后。

所以，管理者应该有一定的定力、内驱力。要在这个方向上驱动自己，自我完善、自我鞭策去遵从大道、成事之道。

如果管理者做不到无我，就要有股东、董事会来约束他。因为大家希望看到的不是领导有多强，而是公司整体有没有变强，有没有创造价值给大家分红、分利。

如果约束之下，仍看不到管理者改变的希望，员工应该勇敢地选择转岗甚至跳槽，这对于领导者也是一种约束力。

三、“无为”的管理者怎么赢

好的管理者是怎么赢的？定好战略，再开打！

“以正治国，以奇用兵，以无事取天下。”

第一，把最基本、最重要的制胜战略做好，然后组织最合适的人来实施这个战略。在执行战略过程中，培养团队，培养你的核心竞争力。做高效的运营，让规章制度的力度稳定在一个合理的平衡点上，不多不少。

以上的事，管理者要花 90% 以上的精力做，对于其他事要少想少做。

第二，团队也要“无为”，简单、坦诚、阳光。虽然有摩擦、有碰撞，有彼此不满意，但就事论事，不伤及个人。不要相互无事生非、钩心斗角。

第三，不去参与市场上的明争暗斗、挖坑算计，不在这种事上消耗自己。背后捅刀，不正面竞争，借他人之力、借舆论之力折腾竞争对手一下，这种事打死不能干。

但是，机会来了，该打的时候，集中精力往死里打，老天给你的泼天的富贵要接得住。在这一刻你就是天选之人，你的团队就是天选之子，该打的仗你就要好好打，大胆地打，放手去打。

“以无事取天下”的意思非常简单——别折腾。别生事，扎扎实实做事。

四、制定规章制度的三原则

如何制定公司里的规章制度？能砍就砍，能少就少，尽量简单明白一点。

刘邦进关中约法三章：“杀人者死，伤人及盗抵罪。”就这么简单。用这简单的约法三章、规章制度，刘邦也得了天下。

为什么不要多的条条框框？因为限制越多，公司效率越差，员工积极性越差。大家越随意，才能有创造力。要大力消除一些忌讳、限制，充分发挥大家的主观能动性，去创造性地解决一切问题，大家一起赚钱。

那具体该如何制定规章制度？

第一个原则是保护原则。制度是为了保护员工，比如工厂的制度，是为了保护员工不受伤；公司的制度，是为了保护员工不违法，这才是制度的出发点。

第二个原则是效率原则。制度是为了管理效率提高，为了调动大家的主动性、积极性，而不是为了限制员工。

第三个原则是不走极端。不要往过分精细的方向走。

虽然制度不能太多，但是也不能完全没有，哪怕就是约法三章。如果没有“奖勤罚懒”“业绩不向辛苦低头”和一些基本的SOP，公司管理就会完全失效。

在底线规则之上，不要设那么多的限，你的团队、你的公司才会在现在的商业环境中拿到更多的结果。

负阴抱阳：
谦卑让你永远立于不败之地

成事修炼者、职业经理人，如果只能锻炼一个品质，那就是谦卑。

第四十二章

道生一，一生二，二生三，三生万物。万物负阴而抱阳，冲气以为和。

人之所恶，唯孤、寡、不榖，而王公以为称。故物，或损之而益，或益之而损。人之所教，我亦教之："强梁者不得其死。"吾将以为教父。

道生出混沌的"一"，"一"生出天地，天地孕育出气，天地和气生育出万物。万物背阴向阳，阴阳二气冲撞融合，达成平衡。

人们所厌恶的孤、寡、不榖这些词，君主们用来作为自称。所以，事情有时候贬损会带来收益，有时候受益却带来损害。别人教导我的一句话，我就这样教别人："强横的人不得善终。"我把这句话作为教学核心。

第三十九章

昔之得一者：天得一以清，地得一以宁，神得一以灵，谷得一以盈，万物得一以生，侯王得一以为天下贞。

其致之，天无以清，将恐裂；地无以宁，将恐发；神无以灵，将恐歇；谷无以盈，将恐竭；万物无以生，将恐灭；侯王无以贵高，将恐蹶。

故贵以贱为本，高以下为基。是以侯王自谓孤、寡、不榖，此非以贱为本邪？非乎？故致数舆无舆。不欲琭琭如玉，珞珞如石。

古时候从大道那里得到“一”的，天得到“一”而清澈，地得到“一”而安宁，鬼神得到“一”而灵验，山谷得到“一”而充盈，万物得到“一”可以生长，侯王得到“一”可以治理国家。

这都是“一”实现的。没有“一”，天没有了清澈，恐怕要崩裂；地没有了安宁，恐怕要崩溃；神没有了灵验，恐怕要消失；山谷没有了充盈，恐怕要枯竭；万物没有了生息，恐怕要灭亡；侯王没有了治理才能，恐怕要被颠覆。

所以，贵以贱为根本，高以下为根本。所以侯王自称孤、寡、不穀这些贱名，这不是在名称上提醒自己以贱为本吗？不是吗？所以，索求过多荣誉的人实际上没有荣誉。不愿像宝玉那样闪烁光彩，宁可像石头一样朴实无名。

世界是如何运转的？你要记住，最该记住的一点就是世界不是围着你转的。佛祖出生的时候，说他一手指天，一手指地，上天下地，唯我独尊。任何小孩刚出生的时候，虽然他不会说话，他下意识也是这么想的。但是不好意思，世界不是围着任何一个人转的，你不是这个世界的中心，哪怕你这么潜意识地认为，但是你一定要意识到这个世界不是以你为中心的。哪怕你变成了霸道总裁，你变成了公司的CEO，别说这个世界了，这个公司都不是围绕你而运行的。因为世界是这么运转的，所以我们要以谦卑之心对待这种运转。我们用谦卑之心并不是为了好玩，而是它就该这么做，以及这样风险最小。

一、不排斥负面，正负本一不二

世界既然如此运转，我们应该采取什么态度面对它的无常、起伏？用老子的话说，“贵以贱为本，高以下为基”。

第一，不要过分排斥负面的东西。

“万物负阴而抱阳，冲气以为和。”万事万物都有自己的对立面，有对立就有矛盾，比如阴阳、贵贱、美丑、高下、输赢、正反、好坏。“冲气以为和”的意思是，阴阳二气通过相互激荡而达到一种平衡。讲究的是调和、中和，太过就摁一摁，太低就扬一扬。

人都讨厌不好的东西，但我们要用辩证的眼光和发展的眼光去看问题，不要在乎一时一地的输赢，不要用对立的眼光去看负面。它们其实并不对立，反而往往是伴随相生的，只是一个频谱中不同的位置而已。

很多似乎对立的东西，它们是在不停演化的，否极泰来，黑尽白起。并且，负面的东西，从长一点的时间纬度来看，它有可能本身就是正面的东西。正、负不仅是伴生关系，负可能就是披着狼皮的羊。

我细想经历过的最惨事件，在当时负面到我厌恶人类整体。但现在看，老天是在给我棒喝，让我不得不清醒，不得不改变人生轨迹。如果没有这种极度负面的事情发生，那我肯定会出更大的事。

所以，负面的东西要辩证地、综合地、放长远去看待。没有负

在大道面前 天地面前
双亲面前 朋友面前
恋人面前 · BE HUMBLE · 谦
卑些

杨定一

面，本一不二。

二、平视下位的人和工作

“贵以贱为本，高以下为基”，不要鄙视处于下位的人、不如你的人，不要鄙视低级、入门的工作，不要只做“高大上”的创造者和传播者，你也可以做垃圾处理。

我观察一个大人物，往往会看他对基层的人是什么态度。他对自己的老板客气、对权威客气，这没有什么了不起的。对不如自己的人客气，这才是真正的明白大道。

下位的、不如你的人，可能是智慧比你高的人，可能在某些方面是比你有真知灼见的人。

我认识一个北大毕业的老哥，毕业之后就跟家里人说，他这辈子不想工作，他只想思考人生，他要做一个对社会没有任何贡献的人，他就这么做了。从世俗角度来看，他一文不名，一介书生。但是通过和他的交往，看他写的文章，看到他对于世界秩序的理解，我学到了不少。

工作真的分三六九等吗？你已经到了高位，就只能做高位的事，包都不拎了吗？自己的事情仍然要自己做。事情本身不存在低贱，本一不二，该你做你就要去做，甚至自己主动去做。

我在协和的时候，曾经妇科肿瘤免疫实验室垃圾归我处理，卫生归我打扫，不是必须，但是我做了三年。一个好处是我有了老协和古建筑里一处漂亮房子的办公室钥匙，我可以在里边安安静静地自习，还可以拨号上网，我享受了三年美好的时光。另一个好处是，我当时这么一个孤傲、内向、自闭的人，也招到了很多人的喜欢。现在我一直负责我家的“垃圾管理”，垃圾都归我倒。“行不言之教”，周围人看我连小事都可以耐烦去做，也不好意思不做。小事才是成大事的基础。

所以，不要鄙视处于下位的人，也不要鄙视那些在做似乎低贱工作的人。

不必慕社会定义的强，你可以慕天地正道。正道就是智慧，遵循正道的人才是真强人，才值得你去慕。

三、上下不乱，处事的良方

发自内心地要求自己 be humble，谦卑点。个体或企业如果有选择，出发点也应该是谦卑。

第一，不要忘本，不要忘掉本职工作。天才是极少数的，市场领袖是极少数的，我们应该注重尽心尽力、尽职尽责地完成基本工作。不要总是灵魂拷问自己：“我是不是天才？”不要总想必须成为美玉。

我的老师郎景和院士一直要求我们叫他“郎大夫”，因为大夫是他的本业。他八十多岁了，一周至少做一台手术，甚至下了飞机，也会用做手术的方式来倒时差。曾经在一次中青年骨干妇产科交流大会上，有个骨干在台上说，自己在手术台上没有“下不来台过”，也就是说，没有患者死在他的手术台上。厉害啊。这时候，一向和善的郎大夫幽幽地说了一句：“最大原因可能是你手术做得还太少。”大道难悟，大道难执行。其实，小事才是一切的基础。小事做好了，大事慢慢自然也就做好了。

第二，要禁得住诱惑。无数人、无数产品和服务都想激发你的非平常心。但是你要清楚，人有口吃、有口喝、有地方睡就可以了。其他的，就是平常心去做事。别听别人忽悠：“像你这样不一样的烟火，就一定要怎样，一定要有个什么牌子的包包，就一定要有辆什么车……”千万不要这么想。

人的谦卑，是认识了世事的无常，是在高位的时候不忘记小事，是不被社会激发欲望，而被左右。这也包括在低位的时候、走背运的时候不会看不起自己，看不起低位的状态，不会过度自卑。

第三，要受得了挫折、能上能下。

上下本没有那么大的差异，不能像慕容复一样只能上，不能下。得志行天下，不得志独善其身。难，但符合大道。你自己并没有改变，你还是你，无非得志时带着千军万马杀伐占取，不得志时“间坐小窗读《周易》，不知春去几多时”。

如果硬要把自己架在高处，就是“强梁者不得其死”，强悍霸道的人往往没有好的结局。一个原因，是人下来了，强悍霸道的人没了铠甲武器，难以忍受落差。另一个原因，是他为了保住自己的武器，无所不用其极，风险更大。

逆境中仍要做好该做的事，才能立于不败之地，荣辱不惊，上下不乱，才是处事的良方。

不伤其手：
会用人、能留人

好的管理者应该首先精通用人之术——会用人、能留人，共同生长、共同向前。

第七十二章

民不畏威，则大威至：无狎其所居，无厌其所生。夫唯不厌，是以不厌。

是以圣人自知，不自见；自爱，不自贵。故去彼取此。

百姓不畏惧权力的时候，天地掌握的大权就会降落，天下大乱的局面就会来临：不要侵扰百姓的住处，不要妨碍他们的生活。你不妨碍他们，他们就不厌恶你。

所以得道的人有自知之明，不四处炫耀自己；爱惜自己，但不认为自己高人一等。放弃后者，选择前者吧。

第七十四章

民不畏死，奈何以死惧之？若使民常畏死，而为奇者，吾得执而杀之，孰敢？

常有司杀者杀。夫代司杀者杀，是谓代大匠斫。夫代大匠斫者，希有不伤其手矣。

百姓如果不怕死，拿死来威胁他们有什么用呢？假使百姓都怕死，一旦有人作恶，我就抓住杀了他，谁还敢作恶？

作恶有天收，老天负责杀生。代替老天杀人，就像代替高明的木匠砍木头，很难不伤到自己的手啊。

老子劝告统治者不要残害百姓，这和现代管理有相通之处。

第一，管理者不能认为自己是绝对强者。你无非是一个机构中的一把手、决策者，哪怕你控制了这个机构，其实机构也由各种力量维系，你只是其中的一股力量。

第二，“小蚂蚁”是会反抗的，他们反抗的方式和力量可能超出上位者的想象。

第三，管理员工应该以正向引导为主。有胡萝卜、有大棒，我会选胡萝卜。

一、管理者并非绝对强者

管理者的位置、被前呼后拥的环境，常常会给他一些自己就是天选之人的错觉。但大家的天赋不同，老天给的机会不同而已。一个人占据能压倒周围人的优势，这种事情不可能持续很久。

人本性好强，但人要对自己有清醒的认识。没有谁是绝对地强，你自己不想被怎样对待，那你也不要那样去对待别人。

二、手持利器，更要警惕杀心

“小蚂蚁”也有力量，“小蚂蚁”也会反抗的，而且他们反抗方式的创意、反抗的力量，领导不仅想不到，可能连看都看不出来。领导欺负基层员工，基层员工可以摸鱼，也可以走。很多时候员工走了很久，巨大的损失和后果才显现。

在生意场上，我很烦爱下狠手的“霸道总裁”，他们常常抑制不住好斗的冲动。他们认为自己年轻有为，喜欢拼命干也逼别人干一些没必要的事。

你下狠手的时候，其实受伤最大的是你自己。“手持利器，易起杀心。”很多人说：“员工都是我招的，工资都是我给的，我想怎么对待都可以。”当你起了这种杀心时，你要在第一瞬间告诫自己，这是人性恶给你埋下的陷阱。

你可能会在短期爽，但之后每走一步，就是对原来积累的善事、阴德加倍加速的损耗。伤害总是在短期形成，但要花很长的时间修复。

如果你骂过他、打压过一个人，过一阵他忘了，或者看在钱的分儿上他还是留下了。这类人往往你不该用。他没有勇气选择，被动地留下，他以后会独当一面吗？机会来的时候，你给他，他能做得超出你想象吗？很难。

三、形成正向激励的企业文化

管理者，如果希望员工跟着自己的管理意志走，充分执行、实施战略，那请以正向引导为主。

所谓正向引导，就是该发钱发钱，该给位置给位置，该给机会给机会，该给自由度的时候给自由度，该让人家做主的时候让人做主，这将带给你更大的团队力、组织力。

短期来看，以权力、业绩逼一下也许更有效。但是中长期来看，用大棒不如正向引导的效率高。而且管理者和员工之间形成牢固的信任之后，很难被外界破坏。曾经一起打过美好的仗，大家彼此成就、继续往前走，是个大概率事件。

反之，用逼、用威、用狠让大家暂时地服从，当有了可以报复的机会时，人家会在你不知道的时候报复，也可以用离开你来报复。

当正向激励形成企业文化之后，你就不用担心员工得寸进尺。因为大家都有共识：能够在这套企业文化里共同生长、创造价值，用一个合理的方式分荣誉、分金钱、分机会，那大家为什么不在一起呢？其实体会过这种工作环境的多数人都会珍惜。

如果你自己作为霸道总裁已经四十岁了，你身边还没有能跟自己很多年的老人，或者你自己没有一个带你多年的师父，你难道不应该反思自己，和人相处是不是出了问题？

不自为大：

战胜私心才能百战百胜

如何持续成事，持续挣钱？

别有私心，公心无我，就这么简单。

第七章

天长地久。天地所以能长且久者，以其不自生，故能长生。是以圣人后其身而身先，外其身而身存。非以其无私邪？故能成其私。

天长地久，天地所以能够长长久久，是因为它生育万物不是为了自己，所以它能长生长久。所以，有道的人先人后己，而被百姓推荐到前面的位置；不考虑自身，自身反而得到保全。不就是因为他的无私吗？所以能够成就自我。

第三十四章

大道泛兮，其可左右。万物恃之而生而不辞，功成而不名有，衣养万物而不为主，常无欲。

可名于小，万物归焉而不为主；可名为大，以其终不自为大，故能成其大。

大道浩浩荡荡，无所不在。万物依靠它而生长，它从不夸耀自己，万物有所成就，它也从不占有；养育万物但不做它们的主宰；大道没有欲望。

可以称它为“小”，万物依附它，但它不是任何事物的主人；可以称它为“大”，因为它从来没有自以为大。因为不自以为大，才能够成就真正的“大”。

大家都不是圣人。圣人只有古时候有。大家都是普通人，都有自私心。这一次讲一讲职场上的自私心。

第一，职场上最好收敛自己的自私。那么，怎么样战胜自私？为什么要战胜自私？

第二，职场新人怎么办？如何控制自己的私心？

第三，在职场，管理者重要的是保持谦卑。

一、战胜私心，才能百战百胜

“是以圣人后其身而身先，外其身而身存。非以其无私邪？故能成其私。”

职场人需要不需要有私心？别有私心，保持公心，答案就这么直接。

如何做到没有私心？

第一，不自责。不管别人对你的评价如何，关你屁事，关我屁事。

第二，不自恋。把事情放在自己这张脸之前，而不是总想着我自己爽不爽，我自己开心不开心，我有什么样的荣光。

第三，不自卑。敢于承认自己的不足，敢于让别人去做。如果别人比自己好，别人比自己更适合做这件事，那就让别人来做。

无论是冯唐九字箴言里的“不要脸”，还是现在讲的不自责、不自恋、不自卑，其实都是强调要把脸搁在事情之后，把自己的 ego 放在事情之后。

从领导层面上来讲，为什么要保持公心？

第一，私心严重影响人的决策能力。

为了钱、权、色，或仅仅为了面子，人做过无数蠢事。一个人位置越高，其私心的后果越严重影响更多事情的走向。

我一个老哥做投资，在他漫长的投资生涯中，众多并购案几乎没有失手过。我问他，做投资常胜不败的秘诀是啥？他只说了一句：“别有私心。”比如，你做投资的时候，有人为了把估值提上去，桌子底下返你巨额的钱。你不能干，这是私心。

第二，绝对的公心是不存在的，人都有私心，但私心应该有个度。

第三，成事之道、成事之德，说的无私，不是指日常所说的社会道德，而是指你要在不违法乱纪的情况下，把事情做成。

对一把手来说，最大的慈善不是救济难民，而是让公司持续多挣钱，让跟着你的人持续有饭吃。

二、职场新人私心太多，也会翻车

职场新人是否也要做到无私？

第一，尽可能地做到无私，更有被重用的机会。好的领导能看出来你把私心和事情哪个放在前面，从而来判断你是不是一个做事人，要不要重用你。

水後過花顏
是花开，不是水
开

馮唐

第二，事业是马拉松，前期不要只为钱而工作。职场新人哪怕比同级挣得多很多，但这些钱也只是人生所能挣到的钱里很小一部分。年轻时要为了提升职场智慧、管理智慧而工作，你会更有信心应对起伏，应对大势，别怕自己过了四十岁挣不着钱。

第三，不用担心自己被油腻的世界淘汰，因为成事之道会淘汰油腻的人和公司。这个世界缺的是真正的管理智慧，你的智慧到了那个水平，机会来了你挺上去了，一定可以挣到之前想不到的钱。

我所说的年轻时不要为钱而工作，是不要为了小钱小利而纠结，把你对智慧增长的追求，放在工资小幅增长之前。

三、一线员工可以自大，管理者要谦逊

“以其终不自为大，故能成其大”，老子讲的是管理术，他的出发点是领导者，意思是你都是霸道总裁了，不要整天自夸。

有时候，有人愿意夸你就说你是自信，有人想贬抑你就说你自大，你都不用太在意，实事求是地看待自己的能力就好。

大领导要做的是能载舟的“水”，让大家同舟共济；要成为公司万物生长的环境，要能滋养、要能承载，这是大领导要做的。

但“不自为大”对一线员工来说未必如此。因为一线员工掌握了更多的信息，但是反而更容易对自己没信心，所以他们需要给自己点自信。

四、不同人生阶段的最佳心态

人生不同阶段的任务不同。在职场生涯的前半段，你作为员工，要发挥自己的长处，磨炼自己的长处，要立志当细分的垂类领域的专家，需要有这种自信甚至“自大”。

而在职场生涯的后半段，作为领导，你的任务是做“水”，要像水一样承载、滋润、保障，给大家以生存的安全感。你的任务是让别人发挥长处。这个阶段千万不要自大。

另外，如果你的天赋倾向于做业务、技术，那你应该自大。如果天赋倾向于管理人、培养岗，那应该“不自为大”。因为管理岗不负责创造，而是负责协调，管理岗的精髓是委屈，是模糊，是平衡。

“周公吐哺”的故事，说的就是周公吃饭的时候，一看到有人才来了，将嘴里正吃着的东西赶紧吐出来，去跟人才请教。不以自己为中心，才能得天下归心。

自见不明：好的管理者要理性自信

我们心中笃定的核——自信——来自一颗谦卑的心。

第二十二章

曲则全，枉则直；洼则盈，敝则新；少则得，多则惑。

是以圣人抱一为天下式：不自见，故明；不自是，故彰；不自伐，故有功；不自矜，故长。夫唯不争，故天下莫能与之争。

古之所谓“曲则全”者，岂虚言哉？诚全而归之。

弯曲，才能伸展；受到委屈，反而能保全自身；低洼的地方，才能有水的注满；目标少，才能收获；目标多，容易迷惑。

所以有道的圣人，抱持住“一”，作为天下人的典范。不要眼里只有自己，就有洞察力；不自以为是，自己的想法就能突显；不自我夸耀，就有功绩；不自傲自大，就能成为领导者。正因为不和别人争抢，所以天下人都没能力和他争。

古人说的“曲则全”，怎么会是空话呢？实实在在是值得遵循的。

第二十四章

企者不立，跨者不行；自见者不明，自是者不彰，自伐者无功，自矜者不长。其在道也，曰余食赘形，物或恶之，故有道者不处。

跕着脚的人站不稳，步子迈太大的人走不远，眼里只有自己的人看不清，自以为是的人不被别人看重，自夸的人不会成事，自傲的人做不了领导者。这些在道眼里，叫残羹赘肉，被人厌恶。因此，有道的人不会如此行事。

第四十九章

圣人无常心，以百姓心为心。

善者，吾善之；不善者，吾亦善之，德善。信者，吾信之；不信者，吾亦信之，德信。

圣人在天下，歙歙为天下浑其心，百姓皆注其耳目，圣人皆孩之。

有道的圣人不执着于自己的想法，把百姓的想法作为自己的想法。

好的人，我好好对待他；不好的人，我也好好对待他，让“善”成为好的德性。有信用的人，我信任他；没有信用的人，我也信任他，让“信”成为好的德性。

有道的圣人治理天下，内心回复到淳朴浑然的境界，任由百姓施展他们的才能，有道的人把他们当成孩子。

这一课谈一个作为领导者非常重要的议题，就是自信。

第一，领导者的自信分两种：理性自信，盲目自信。理性自信有它的逻辑，盲目自信也有它存在的土壤，否则为什么有那么多领导盲目自信？谁给你的自信，到底怎么回事？为什么他们会有？怎么判别？

第二，管理者不但不能太把自己当回事，也不能玻璃心。

第三，听听团队的心声，不要一意孤行。

一、管理者要理性自信

“不自见，故明；不自是，故彰；不自伐，故有功；不自矜，故长。”

领导者在管理层面上需要自信，但是要把握好度。需要理性自信，警惕盲目自信。

《资治通鉴》里有个领导者盲目自信的典型案例——齐滑王的故事。

第一个故事，齐滑王逃到了卫国，他对身边的近臣公玉丹说：“我之所以到了流亡的地步，究竟是为什么？如果我知道，我会纠正我自己的过失。”公玉丹回答说：“我以为大王您已经知道了呢，您竟然还不知道吗？您之所以流亡国外，是因为您太贤明了！天下所有的君主都缺德，因而憎恶大王您的贤明，于是他们互相勾结来攻击大王，这就是您流亡的原因。”齐滑王听得非常舒适，叹息说：“君主贤明，原来要受这样的苦啊！”

第二个故事，有一次，齐滑王又问公玉丹：“我是一个怎样的君主？”公玉丹接着一顿输出，说：“大王是个贤明的君主！我听说上古时代有人抛弃天下也没有遗憾，从前我只是听说过有这样的人，自从见到了您，我才知道这不是遥远的传说，这就是眼前的事实，就是您。因为您离开齐国之后，体貌丰盈，容光焕发，毫无舍不得国家的念头。”齐湣王说：“说得太好了，还是公玉丹了解我，我自从离开了齐国，衣带长已经增加了三倍，我胖回我自己了！”

齐湣王凭借这股子“自信”，让齐国的七十多座城池都沦陷了，最后就只剩下莒和即墨两个地方没被攻克。如果不是后来的田单，曾经无比强大的齐国就彻底亡在齐湣王的手里了。过度自信，就是昏庸。

当你分不清东西南北、对错是非的时候，请你用业绩来判断你干得怎么样。如果你是一个创作者，用作品说话；如果你是一个商人，用盈利说话。

盲目自信，是没有意义的人性，要尽量砍掉。理性自信，是明确知道自己有几斤几两之后的自我肯定。作为领导者，要比其他人更能自省，否则会造成很大的麻烦。你的团队、合作方跟着信你，很难保证你不把大家都带沟里去。

二、管理者不能太把自己当回事

管理者不但不能把自己太当回事，还不能玻璃心。管理是门委屈的艺术，尤其是委屈自己。

“善者，吾善之；不善者，吾亦善之，德善。信者，吾信之；不信者，吾亦信之，德信。”

职场上有各种各样的奇葩，很多能力强的人更有他们的奇葩之处。管理者要做的是包容缺点，让大家同舟共济。

意见领袖要做世上的盐，管理者要做世上的水。“夫水之积也不厚，则其负大舟也无力”，一个优秀管理者的工作重点，是要能承载起大舟，有大水才有大舟。

“圣人无常心，以百姓心为心。”员工就是管理者的耳朵和眼睛，是管理者的信息收集处。管理者不能总听自己说，要多听别人说——特别是听那些能说出不一样东西的人，那些能说出让你不舒服的声音的人，应根据一线员工的想法来做决策。

战略不是拍脑袋就能定的，一把手绝不能一意孤行。

如果一个管理者不听别人说话，甚至不给别人说话的机会，往往说明他内心极其不自信。真正的自信是能够兼听则明，在听到各种不同之后，能够非常笃定地做出判断。什么都不听，就敢认定自己是对的，把身家压在自己的判断上，这是很危险的自卑。

三、向上汇报，如何让领导听进去

如果你是一线员工，怎么样能让领导避免一意孤行呢？

让他开心一点。不一定是要说话让他开心，要做一些事让他开心。

我在麦肯锡有个领导脾气很不好，经常没耐心听我们说完。我就开始思考，怎么样让他听进我的话呢?

我后来研究了两个小诀窍。一个是，我知道他早上有游泳的习惯，游泳之后他心情会很好。所以我把跟他的开会时间大多定在九点——他游泳完刚进公司的第一个会，占住他心情最好的时间。我努力跟他秘书搞好关系，一定要他这一块儿时间。

第二个是，我发现他有段时间在减肥，心情更不好。所以每次去跟他开会，就会带点好吃的零食，而且把包装打开，让他不自主地往嘴里放。他一边听我们汇报，一边吃东西，他的快乐值慢慢上升，满意度也就慢慢上升，更愿意听我们的意见了。

最后，一线员工汇报工作的时候，少讲自己的苦和烦，要就事论事。不仅如此，在办公室里也少谈自己多苦、多委屈。办公室之外，酒过三巡之后，如果你还想不开，多说说无妨。

物壮则老：不忘初心是一把手的戒律

想想你开始的地方，
想想你开始的时候为什么要这么干。

第三十章

以道佐人主者，不以兵强天下。其事好还：师之所处，荆棘生焉；大军之后，必有凶年。

善有果而已，不敢以取强。果而勿矜，果而勿伐，果而勿骄，果而不得已，果而勿强。物壮则老，是谓不道，不道早已。

用道辅佐君主的人，不依靠武力称霸天下。战争往往会遭到反噬。军队所到的地方，田园荒芜，长满荆棘，大战过后，一定会有饥荒。

好的战争，达成预期目标就可以了，不凭借武力逞强斗狠。胜利了不得意，胜利了不夸耀，胜利了不骄傲，使用武力取胜是不得已的，胜利了也不逞强。事物壮盛之后紧接着衰老，这就是违背了大道，违背了大道死得快。

第三十一章

夫唯兵者，不祥之器，物或恶之，故有道者不处。

君子居则贵左，用兵则贵右。兵者，不祥之器，非君子之器，不得已而用之，恬淡为上。胜而不美，而美之者，是乐杀人。夫乐杀人者，则不可以得志于天下矣。

吉事尚左，凶事尚右。偏将军居左，上将军居右，言以丧礼处之。杀人之众，以哀悲莅之，战胜，以丧礼处之。

武器，是不吉利的东西啊！大家都厌恶它，所以有道的人不愿意用它。

君子平时以左边为上位，用兵的时候，则以右边为上位。武器是不吉利的东西，不是君子应该使用的东西，不得已而用它，要以淡然的心情对待它。胜利了也不得意，如果得意扬扬，就是喜欢杀人。喜欢杀人的人，绝不可能获得天下人的心。

举行仪式的时候，吉庆的事情，以左边为上位，凶丧的事情，以右边为上位。在出兵的仪式上，偏将军站在左边，上将军站在右边，这是说，用举行丧礼的仪式来对待战争，因为战场上死亡的人多，要用哀悼的心情对待，即使打了胜仗，也是用丧礼的仪式对待。

这一课主要讲两点，这两点围绕一个核心词——非战。别老想着打，摁住自己杀伐占取、攻城略地、开疆拓土、逐鹿中原的那种豪气，那种争胜之心，那种喜欢杀戮的快感的人性。

第一，咱们讲讲春秋战国时期战争给老百姓带来的灾难。

第二，现代启示录：现代管理不要转入恶性竞争，不要欺凌弱小。

一、竞争不能短视

这两章的主题都是反对战争，老子倡导统治者清净、懂无为之道，让老百姓能够安居乐业。老子为什么会反对战争？

第一，战争频繁实在伤害太大。有历史记载，春秋战国时期大小战争多达几百次。

第二，人们长期处于为了生存不择手段的状态，礼崩乐坏，当权者的权力不再受制度的约束。

第三，老子认为那时的当权者都是短视的，在战争问题上尤其如此。成王败寇，赢了，你可以抢走别人的东西，别人的妇女、孩子、牲口；败了，你被别人抢。这是弱肉强食、森林法则。诸侯都认为自己是为了国家的利益发动的战争，但政局复杂，一旦挑起战争，常常不知道会怎么收场。所以，很难通过战争达到想要的效果。但非常确定的是，战争对于人类社会和大自然的破坏，这些问题恐怕也都不在诸侯的考虑范围之内。

就像第一次世界大战、第二次世界大战，不要认为现在可以从上帝的视角去说："现在不是已经恢复了吗？"设身处地去想一想，如果你身处战争之中，那是什么样的惨状？愚蠢的人类啊。

二、现代管理启示：不要卷入恶性竞争

都说商场如战场，我想说，商场有时候的确如战场，但如果你

能把商场当成农场，要远远好于你把商场当成战场。

在管理上，如果你把商场当战场，动辄“内卷”，动辄卷入恶性竞争。恶性竞争下，商场被变成了没有赢家的战场。

如何定义恶性竞争？我认为，恶性竞争有两个槛。

第一个槛，如果你的产品定价，在很长一段时间内持续低于你的总成本，你在赔钱卖产品，这就是恶性竞争开始的一个清晰特征。

第二个槛，如果你的实际售价，在很长一段时间内持续低于你的直接成本，也就是说，不算摊上去的成本，不算人工，不算公司硬件上的投入，你卖一件东西低于它的直接原材料成本和直接人工成本，那不好意思，你已经进入深度恶性竞争，恶得不能再恶了。

所以，我基本上会把恶性竞争划这样两道标准：你售价是不是持续低于总成本？你售价是不是持续低于直接成本？

持续恶性竞争的结果就是，你作为一个理性的生产商或服务提供商，你就不会有任何动力扩大生产。你马上就该停止任何生产和供货，因为你每生产一件意味着赔一件。

那么，为什么这么多人在恶性竞争环境下还要继续干？企业为什么会挑起恶性竞争？

企业挑起恶性竞争，是因为它把恶性竞争当成武器，希望杀死那些竞争对手。它希望恶性竞争持续一段时间之后，市场上只剩下它一股独大，它形成某种垄断优势。然后，它开始提价，它开始挣垄断性利润。

被无情卷入恶性竞争的玩家、这些厂商为什么要跟着去恶性竞争？

这跟人性相关，因为厂房已经盖了，公司已经做了，员工已经招了，而且做了不止一年，有可能已经做了五年、十年了。一旦遭遇恶性竞争，我要立刻关门吗？我要立刻遣散员工吗？我这张脸往哪儿放？我不仅要坚持一段，我甚至要试着打一段，甚至把自己原来挣的钱补贴进去。结果也往往是，你把原来挣的钱填了进去，并在恶性竞争的过程中失去更多钱。

恶性竞争中，厂家互相厮杀，那用户是不是会得到好处？是不是能捡到便宜？

短期看是的，中长期一定不是。恶性竞争，他们的目的不是永远恶性竞争，恶性竞争玩家的目的是能够在恶性竞争中胜出，他的目标是胜出后的垄断性利润。

现代管理中，为什么要避免恶性竞争？

一方面，杀敌一千，自损八百，恶性竞争对彼此都是耗损。懂得“道”的管理者不应该采取这种竞争方式。

另一方面，需要“互相打”，就意味着战略有问题。如果你战略定得仔细，定得精巧，定得有真知灼见的话，别人根本没法跟你竞争。

恶性竞争让商场变成战场，我们宁可商场像它原来的样子，更像个农场；大家安居乐业，创造生长，万物欣欣向荣，不要转入恶性竞争。

安身篇

祸兮福之所倚，福兮祸之所伏

有之以为利，无之以为用

祸莫大于不知足

宠辱若惊，贵大患若身

重为轻根，静为躁君

天下难事必作于易

胜人者有力，自胜者强

千里之行，始于足下

天下大事必作于细

知人者智，自知者明

福祸相依：
虽逆人性，却是福根

福祸相依，是一条难悟的真理，
却是重要的管理认知。

第五十八章

其政闷闷，其民淳淳；其政察察，其民缺缺。祸兮福之所倚，福兮祸之所伏。孰知其极？

其无正，正复为奇，善复为妖。人之迷，其日固久。是以圣人方而不割，廉而不刿，直而不肆，光而不耀。

政令宽松简要，百姓生活淳朴；政令严苛，百姓狡猾。祸啊，福却依托在上面；福啊，祸却隐藏在后面。谁又能知道它们的究竟呢？

这种转变没有一个套路，正有时变成邪，善有时变成恶。对这种变化，人们很久以来一直很迷惑。所以，有道的人方正而不伤害他人，廉洁而不苛责他人，直率而不放肆，有光芒而不闪烁耀眼。

如果你不理解顺逆、不理解福祸它们的辩证关系，不好意思，你很难长期地领导团队、做一个公司，甚至你很难很顺地带着自己的肉身过完这一生。我们讲一下福祸之间的关系，福祸相依的原理，我们面对福祸的态度。

有可能你会问，我们面对福祸的态度真的那么重要吗？重要的。有客，有主，我们是主，主对迎面而来的客的态度，也影响了客，也影响了我们的主。你对一件事的态度，在很大程度上影响这件事的进程，你认为是鬼，你被吓死；你认为不是鬼，它哪怕真的是鬼，也只是过来的一片云彩。

时代变化、我不变
时代变化、我选择

冯仑

在变化的世界里守住不变的东西。福祸时来时去，时长时短，但是你能不能守住那些不变的东西？不起伏的、不轮回的、跳出轮回的、跳出起伏的，那是什么？你怎么守？我跟大家展开说。

一、福祸相依是逆人性的体悟

“祸兮福之所倚，福兮祸之所伏”，看上去倒霉的事，但是它没有纯粹的倒霉，其实好事也在其中。看着有福，但是倒霉也在其中。

有一个男的离你而去，万一他是渣男呢？你顺风顺水，做啥就成啥，你很有可能会飘啊！你怎么能笃定福报可以持续？

“福无双至今朝至，祸不单行昨日行”，老子的了不起，就是在此处提出了正常人性的愚蠢之处。人性的愚蠢在于，人不该那么高兴，不该那么丧气。如此起伏，对任何个体来说是耗能过分，没必要。

女神离你而去，还有校花，校花走了，还有班花，班花走了，还有猪八戒他二姨。男神离你而去，还有小鲜肉，小鲜肉走了，还有武大郎，武大郎走了，还有西门庆，西门庆走了，没准来了个武松。你人在，事在，身体在，就没什么好怕的，无为而无不为。

福兮祸兮，两者相继相生，本质区别并不大，重要的是人摆正自己的态度。常规的人不会这么想，但你可以领悟大道，变成非常规的人。

二、不懂福祸相依是祸的根源

产生福祸相依的现象，是因为很多能量、因素在同时影响着一件事的走向。我们对因果知之甚少，力量之复杂常常被低估。一支香最后飘向哪里是固定的，但是没有任何人、任何力量能够预测这支香在下一刻飘向哪里。世界不停变化，成功都是暂时的，没有人能控制事情的走向。

如果一个人不理解福祸相依，也就看不到世界的真相，看不到自己的渺小，那福气来的时候，会过分夸大自己的力量；不幸来的时候，也会过分夸大不幸，过分贬低自己的力量。开心的时候意识不到风险，悲伤的时候把握不住翻盘的机会。

三、面对福祸的正确做法

面对福祸，正确的认识之后是正确的心态、正确的做法。不用管福祸，先管好在福祸旋涡中的自己：

第一，守住核心和基本面，其他由它去。

守住工作的基本面，其他不管，无为。守住做人、做事的方法，成事之道、成事之德，无论外界怎么变化起伏，不用害怕。我丢过工作，我被人背刺过，我老大被抓起来过，我手下有人进了八宝山……但是我坚信我怀揣一颗善良的心，别着一根签字笔，我坐在街头，左手一个碗，右手一杯酒，还是能够活到明天。

“其政闷闷，其民淳淳；其政察察，其民缺缺。”

从企业角度讲，企业面临顺境和逆境，要在变化的世界里守住不变的东西。管理者应简单、本分、无心一点。对霸道总裁来说，假装聋哑是比苛察更重要的品质。不要跟员工斗心眼，要引导大家安心工作，悉心向善。

从个人角度讲，“水至清则无鱼，人至察则无徒”，太能算计的人，没人跟他长久相处，他患得患失，没有朋友，活得很累。

我收集古董多年，如果我整天想哪一件东西买贵了，那我可能因为这种格局，失去好多机会。不怕买贵，就怕买错，人家至少没有骗你。好东西，慢慢一定会变得更贵，你一定是赚了的那个人。古董商也有家要养，人吃马喂，古董行业本身是个流通性很差的行业，多要点利润也是正常的。另外，你算人家成本的时候，只算了这件东西值多少钱，你算了人家花的时间、差旅、为了能帮你掌眼投入的资源吗？你需要有一个全成本概念。让他多挣了几万块钱，那他就有动力再卖给你东西。和别人比，你就有了更大的可能去看到好东西。

大“道”不是蠢道，只是让你抑制住你人性的弱点，不去想那些人性最容易做的事。

生活在人间，守住自己核心，其他的由它去。老话讲“心宽是福，吃亏是福”，说的是太算计，容易失去；不算计，懵懵懂懂，反而最后有收获。

我们要看到规律背后更高的智慧，更缜密的逻辑，让别人挣钱，别人才会让你得到好处。

福祸不可能持续，大福报往往暗藏着祸的起源。也就是说，这个局面不对，要有巨大的祸来冲击这个局面。但巨大的祸往往也不是你应得的，你的福报也会在祸中潜滋暗长。

福祸相生，福祸在很大程度上可能是一件事，不要有区分之心。

第二，观察预判，福祸可能发生转换。

福祸就像天气一样，虽然你不能控制，但是你有一个屋角可以躲雨。你可以查天象，可以做预判，可以带伞。如果人能够及时做出转变，福祸就有可能发生转换。

有些人一路顺风顺水，所有的人都在捧他，当你看到他已经飘了——忘记了初心和理想，身边都是小人，不再准时开会，很久没有给出明确的发展方向时……就是离开了大“道”，祸很近了。

有些落魄之人，还是保持健康、乐观的心态，该吃喝吃喝，该睡觉睡觉，该研读研读，该健身健身。这样的人，你无须落井下石，早晚一天，他会东山再起。他人在，阵地在，基本面在，祸福无非是过眼云烟。

第三，做一个见过世面的人，不张牙舞爪。

要像一个见过世面的人，哪怕你没见过世面。你哪怕是在正道上表演，表演时间长了，正道就附着在你身上了。不要做张牙舞爪的人，张牙舞爪的都是小丑，都是第一个被一脚踹出去的人。

“是以圣人方而不割，廉而不刿，直而不肆，光而不耀。”

圣人方正，并不难为别人，有棱角却不锐利伤人。坚持自己的品德，但不强迫别人向自己学习。发出光芒，但是不会刺伤别人的眼睛。有些佛里佛气的，有些道里道气的，经常道德绑架别人，你为什么不吃素？你为什么不锻炼？你为什么不信……你觉得不是个好东西，我也绝不逼你，也逼不了你，这才是方正美好。

“方”“廉”“直”“光”都不伤人，讲的是人的一种态度和风格。管好自己的事情，不要给别人添麻烦，树立起自己的旗帜，别人看到有感触就有感触，没有感触也没关系。

读历史，我常会产生一种感慨，即使帝王将相，也只不过是局中一个穿针引线的人而已。作为现代管理者，要明白自己只是决定事情走向的一个因素，或许你这个因素，只比看门老大爷大一点点而已。我们只是一个通道、媒介，只是把孩子生下来的父母。孩子有孩子的命，事情有事情的命，心态平衡，你凭什么张牙舞爪？

不要因为一时的成败而狂热、沮丧，要学会“不要脸”。“不要脸”不是忘记公序良俗，而是有两层基本含义：第一，面对他评的态度，关你屁事，关我屁事；第二，面对事情的态度，把事情搁在自己的脸面之前，先把事情做成。

所以，面对福祸正确的心态是：顺的时候，谦虚一点；不顺的时候，“混蛋”一点。我就是我，时代变化，我不变，我做选择。“沧浪之水清兮，可以濯我缨；沧浪之水浊兮，可以濯我足”，水清，洗帽子，水不清，洗我脚。

福兮祸兮，两者相依相随，伴生不已，无非是一件事的两个侧面而已。我们面对福祸，要淡定、平视，不要大惊小怪。在变化的世界里，守住不变的东西，那福祸就会像你面前的流水，偶尔急，偶尔缓，偶尔大，偶尔小，如是而已，改变不了你自己，不会让你活得更开心或者更不开心。

你的能量有更好的用处，不要用在过度担心福祸上面。而且，短期的福祸，其实跟你的人生关系没这么大，反而是你的态度——心宽一点，平静一点，看开一点，是真的福；心窄一点，看不开一点，拧巴，是真的祸。

从你修心开始，向着大道收获你正确的态度。

静为躁君：
管理者安身的三张底牌

世界这么乱，
内心要强大到『混蛋』。

第二十六章

重为轻根，静为躁君。

是以圣人终日行不离辎重，虽有荣观，燕处超然。奈何万乘之主，而以身轻天下？轻则失本，躁则失君。

重是轻的根基，静是动的主人。

所以有道的圣人长途旅行，从不离开他的行李粮草车辆。即使住在华丽的大房子里，也平静泰然。为什么很多大国的君主治理国家，自己却那么轻浮躁动呢？轻浮就会失去根本，躁动就会失去控制力。

第六十八章

善为士者不武，善战者不怒，善胜敌者不与，善用人者为之下。是谓不争之德，是谓用人之力，是谓配天、古之极。

善于统率士卒的人不表现出武力，善于打仗的人不生气，善于打胜仗的人往往不与敌人交锋，善于用人的人能处在下位待人。这就是“不争”的德性，这就是用人之道，这种德性是和老天相匹配的，是自古以来的最高境界了。

我曾经说过霸道总裁三件事：找人、找钱、定方向。这是外边的活动、行动。那他内心说：“冯老师，您总说内心强大到‘混蛋’，那这内心、内核到底是什么？”

这节课我们讲讲让管理者有底气、有安全感的三张底牌。这是管理者内心强大到“混蛋”的三张底牌：

第一张，把握权力的能力。

第二张，泰山崩于前而不色变，遇事沉着冷静的素质。

第三张，自己的健康。

一、第一张底牌：把握权力的能力

“重为轻根，静为躁君。”

“轻”“重”“静”“躁”分别指的是什么？离老子生活年代最近的韩非子，比秦汉以后的思想家更懂老子。《韩非子·喻老》中说，权力控制在自己手中就叫“重”，反之，就叫“轻”；不离开君位叫作“静”，离开了君位就叫“躁”。

最好的一把手，是手握权势，又仿佛没有权势；是自己业务能力强，同时又能管理其他强人，不引起互相之间竞争心的人。

麦肯锡有一个对我影响很大的导师，他曾经做了十几年麦肯锡的一把手。他最强的方面是，能让无数能力极强的人愿意跟他工作。你任何时候跟他聊天、讨论问题，都会如沐春风，他理解你、支持你，从来不让你觉得不舒服，同时又能指出你可能需要注意的地方。

一把手还要把握好度，不能过度放权，包括人权、财权、事权。过度放权，你就会被彻底清出局。除非这是你想的结果，否则不要过度放权。

“是以圣人终日行不离辎重，虽有荣观，燕处超然。”

宫殿是君主的辎重，住在宫殿，感觉上要超然。不要总想着到处乱跑，不要老巡游。君主想巡游，可以理解。因为不管宫殿大小，人都总想去外边的世界看看。但是君主、一把手总是巡游，会给别人添加很多麻烦，诸级官员都会被折腾得到处上蹿下跳。除此之外，你离开了权力的本位，是有很大风险的。

比如，赵武灵王活着时就把国家传给了儿子，自己去发展军事了。他还不是给了外人，是传给了自己的儿子，他也是离开了权力的绝对中心，最后在沙丘宫凄惨地死去，他是被饿死的。

二、第二张底牌：遇事冷静的心智

“善为士者不武，善战者不怒，善胜敌者不与，善用人者为之下。”

领导应该有定力，要喜怒不形于色，能不轻易出招，能礼贤下士。

兵慌慌一个，将慌慌一窝。如果说领导者遇上所谓大事，立刻失去了方寸，那不好意思，你的团队心也就散了。

如何做到“每临大事有静气”？

首先，你要知道，生死之外都是小事，哪怕是生死，其实也都是小事，我们终将是一粒尘埃，从无中来，再回到无中去。天下没

帝王将相，也只不过是局中一个穿针引线的人而已

冯唐

有所谓太大的事情，即使是真的大事，慌也没用，慌也不如不慌。

其次，扎扎实实练好基本盘，基本面稳定，遇事也不用慌。

人们常认为，特别勇的人是拎着刀就敢冲的人，其实不是的。什么样才是真正的勇者？

唐代《史记正义》描述是这样的："血勇之人，怒而面赤"，"脉勇之人，怒而面青"，"骨勇之人，怒而面白"，"神勇之人，怒而色不变"。

勇也分等级，面红耳赤怒目金刚的，相对下乘。真勇的人，即使愤怒，也面不变色。

刘义庆《世说新语》中描写淝水之战时谢安的举止时说："谢公与人围棋，俄而谢玄淮上信至。看书竟，默然无言，徐向局。客问淮上利害，答曰：'小儿辈大破贼。'意色举止，不异于常。"

谢安的军队正在跟苻坚打一场决定东晋存亡的大仗，谢安正在不远处与别人下围棋。忽然来了一封战报，谢安拿到手上看了，放下，没说话，继续下棋。周围人着急地问战况如何，谢安这才说，年轻人大破敌人。他的意色举止跟平常没不同。这是真正的大将之风！

没有人喜欢和一惊一乍的、噘着嘴的人共事。管理者更加应该注意修炼自己的情绪。

麻烦是工作的日常，矛盾是人际的日常，用平常心做事，别那么多情绪，动作才不会变形。

三、第三张底牌：健康的肉身

管理者强大内核的第三个要素，就是自己的健康。你有灵魂、有精神，祝福你，但是不要低估肉身健康的重要性。

第一，就是不要轻易涉险。不涉险甚至比锻炼更重要。

别人拉我去滑雪，我就在补给站的游客中心打杯啤酒，弄盘薯片待着。谁能接受摔断腿，谁爱在雪地上照相，谁就去，我祝福他，但我不去。

我们成事不二堂的几个合伙人一起出去，我强烈建议他们，可以吃点、喝点、玩点、买点东西，甚至干点离谱的事，都没关系。但像蹦极、爬珠峰、跳伞这样有风险的活动最好别去做；等公司稳定之后，或者你能找到顶替你的人之后再做。这不是懦弱，这是管理者对自己负责，也对股东负责，对团队负责。

第二，工作中不要发疯，不要逞能，包括体力上。

我最长时间是连续六十八小时没有睡过觉，那时候很年轻。六十八小时之后，我睡了一觉，醒了依旧昏昏沉沉，把手指夹门框里了，三个月才恢复。并且，这一觉之后，我发现长出了人生第一根白色的鼻毛。这就属于在工作中逞体力的能。

工作中更常见的是发疯——逞能力上的能。

比如，秦武王和大力士比赛举鼎，结果胫骨折断，气绝身亡，年仅二十岁出头。再比如，给你一千万目标，你说："太少了，没有挑战性，请给我一个亿目标！"诸如此类。

第三，锻炼身体，让身体配得上野心。

你不需要练出八块儿腹肌、人鱼线、翘臀，但是请你练出一个能够长期吃苦的身体。让你的身体配得上你的野心。

除了健康管理之外，也要重视精神。怎么让精神不垮，保持愉悦？我也没太多办法，但是红线是不能打着让精神愉悦的幌子违法。千万记得，要远离嫖赌、黄毒、醉驾这些违法的事。你不是一个人在战斗，你出事公司就要受损失。如果你是霸道总裁，公司很有可能会因为你而“塌房”。

在纷繁复杂的管理环境中，人建立起安全感，打好这三张底牌，才能带领公司基业长青。

千里之行：
如何对抗人的惰性

迈出第一步，
永远是最重要的。

第六十三章

为无为，事无事，味无味，大小多少，报怨以德。

图难于其易，为大于其细。天下难事必作于易，天下大事必作于细。是以圣人终不为大，故能成其大。

夫轻诺必寡信，多易必多难。是以圣人犹难之，故终无难矣。

用“无为”的心态行动，用“无事”的心态做事，品味“无味”的平淡，以小为大，以少为多，用德性对待怨恨。

解决难题，先从容易的地方着手；想干大事，先从细微的地方做起。所有的难题，都发端于容易，所有的大事，都发端于细微，所以有道的圣人始终不做大事，最终最能成就大业。

轻易许诺的人，可信度必然不高；经常认为事情容易做的人，必然经常遭遇困难。即使是有道的圣人，尚且认为事情难做，最终却没有困难。

第六十四章

其安易持，其未兆易谋，其脆易泮，其微易散。为之于未有，治之于未乱。

合抱之木，生于毫末；九层之台，起于累土；千里之行，始于足下。

为者败之，执者失之。是以圣人无为，故无败；无执，故无失。

民之从事，常于几成而败之。慎终如始，则无败事。

是以圣人欲不欲，不贵难得之货；学不学，复众人之所过。以辅万物之自然，而不敢为。

局面安稳的时候容易掌控，变化的征兆没有出现的时候容易筹划。在变化还很脆弱时，容易切割；在变化还很细微时，容易消散。做事，要在事情还未发生的时候先把它解决掉；治理国家，要在动乱还没发生的时候就先治理好。

合抱的大树，生于一粒小种子；九层的高台，从小土堆开始建设；千里之行，开始于脚下的第一步。

强干的人最终会失败，强力控制的人最终会失去。因此，有道的人“无为”，也就没有失败；不去控制，也就没有失去。

百姓做事情，总是在快要成事的时候而失败了。如果能从开始到结束始终谨慎，就没有失败的事。

因此，有道的圣人以“无欲”的心理去追求，对稀有的宝贝不贪婪，向没有学识的人去学习，纠正众人犯下的错误，用来辅助万物自然生长，而不敢强有作为。

好多朋友问我：“冯老师，我也知道我应该有所改变，我也知道我应该做点啥，但是为什么我开始不了呢？我也知道跑步挺好，但是门外阴风怒号，跑鞋就在角落，我怎么能走向那个跑鞋呢？我也知道我应该培养一些好习惯，但是坏习惯占了我太多的时间，我怎么做呢？我知道我应该立长志，剩下的职业生涯只剩十年了，我也该想想该做点啥事，为什么我就是想不清楚呢？为什么想清楚了，我还是迈不出那一步呢？迈出那一步之后，我为什么还是不能坚持呢？”

这节课，我跟大家说说我的心路历程，说说《道德经》给我的提示。三个《道德经》中的金句：

一是，“千里之行，始于足下”。

二是，“慎终如始，则无败事”。

三是，“图难于其易，为大于其细”。

有这三点，其实你细细想，也就克服了你对懒惰的恐惧。

一、做，就是一脚把自己踢出去

“千里之行，始于足下。”这句话有三个关键点：你的起点是什么？如何开启一场千里之行？对于千里之行，要有战略规划和战略笃定。

1. 适合你竞争的地方就是起点

人知道起始之后，就没那么多疑惑了，其他的事就容易了。

如何通过战略思维判定起点正确与否？起点对，就成功了一半。

比如，你已经是一个很成熟的管理者，你何必去追求某一方面的技能、胜出你的团队？这就是起点不对。

判断起点，就是明确在何处竞争，最适合你竞争的地方就是你的起点。

什么地方最适合你竞争？你沿着两个方向去想：一是，你最想干什么，最适合干什么？二是，市场上现在最有吸引力的是什么？你的竞争力和相关市场细分的吸引力，合在一起就是你该干的事。然后你用心于一处，琢磨怎么干，怎么破局，怎么在这个起点里迈出第一步。

如果你没想好起点在哪里，还不能认定哪里是你的起点，这个市场该不该你吃，你可以先试吃三口，行就坚持，实在不行，已经吃三口了，就算了。

我曾经为了成为一个合格的管理咨询顾问，克服掉了我的结巴。我反复练习，从绕口令开始，至少想缓解自己的结巴，每天就“打南边儿来了个喇嘛，手里提拉着五斤鳎目”这么练。除了练绕口令，我发现只要我能有真知灼见，能想得清楚，这些真明白的客户、真的大佬，不会在乎我说话是不是有点结巴，我做演示的时候是不是神采飞扬…… 所以我尝试后发现：第一，结巴的状态得到了改变；第二，还稍微有点结巴，问题不大。

但有些事，我确实不打算开始，比如唱歌，打高尔夫。试过很多次之后，我或许有快感，但是实在没必要，不学了，下辈子再见了。

这背后有个延伸问题：人要不要补短板？

其实，大部分人的短板是不会从“大处着眼”，不知道自己的短板是什么。“我都好，我就是这样，你说了我也改变不了。”

补短板，并不是让你把短板补成长板。补，无非是补到不会拉胯的状态，不要因为你的短板破坏大局就好了。需要补的，能补就补，不是必须的，就战略性放弃。

2. 做，就是一脚把自己踢出去

人是害怕开始的，人有惰性的。读书、工作、健身、做管理、让世界变得更美好一点，做对人性并非自然而然的事最难。所以一旦要做，在最开始的时候就要一脚把自己踢出去。

怎么把自己踢出去？

一是要有信念。你一定会获得异常珍贵的延迟满足感。跑步很累，跑十公里累得跟狗似的，但是十公里之后，你这一整天都会开心。你每周跑两三次十公里，你心里烦的事，不烦了，你力气、精力都远远超于普通人。读书、做事也一样。

二是无视暂时的困难。刚开始本来就战战兢兢，稍微遇上点困难很容易萌生退意。人性虽然有很糟糕的地方，但是也有光明、美好之处。你这么告诉自己，“我是个战士”，坚持一下，就不容易半途而废。事因难能，所以可贵。你坚持下来之后，发现你周围其他人顺着人性都“废”了，那好事不给你给谁呢？

3. 战略笃定，不要马上撤退

千里之行，那不是两三里，不是春风十里，而是千里，所以要有战略规划和战略笃定。

首先做战略规划：何处竞争、何时竞争、如何竞争。投入多少、产出多少，你对结果满不满意？如果满意，符合你对这件事能不能成的基本判断，那战略规划对了；如果不是，重新再做。

战略规划定了之后就笃定执行！战略规划做得再好，执行不笃定也是白给。一旦你不认可自己花那么多时间定下的规划，犹豫生慌张，慌张生放弃。战略规划之后的摇摆，就意味着浪费。

一家公司做战略，做规划，一定打出一点余量。低估一点你公司、你团队、你自己的能力，低估一点市场吸引力，低估一点客户付费的意愿和付费的能力；高估一点困难，高估一点竞争对手的强悍，高估一点市场的混乱。困难可能比我想象的多，需要的资源可能比我想象的多，一开始爬坡期可能比我想象的更长、更艰难——要知道这才是常态。

在战略执行的过程中，掘井及泉、战略笃定，要坚持得长久一些。遇到突发事件，一把手要问问自己有没有胜利的直觉，有直觉就带着团队继续坚持，再吃三口，不要马上撤退。不然，你再回来的机会非常之少，余生你也会反复后悔，为什么当初没有再坚持一下。

二、慎终如始，平常心做事

“慎终如始，则无败事”，强调的是平常心，内核笃定，无惊无喜，没有开始和结束的概念，埋首认事，心守枯井，无为就好了。

从战略角度说，如果没有想清楚，就不要开始；一旦做了，扎扎实实地落实，从头做到尾。

在企业管理里多是不慎始也不慎终的例子，比如一拍脑袋就定制度，一遇到点事就要改，不抓执行和闭环。

你增加了制度，增加了步骤，那就意味着消耗整个机构的能量，消耗人的时间，消耗人的资源，无论是设定还是执行都是有成本的，执行成本很有可能是设定成本的百倍、千倍。不执行，那你没有公信力，没有威慑力；如果执行，那就意味着更多的工作、更大的能耗。

制定制度的时候，用充分的人力、物力制定，演习，试点，铺开；一旦推行，就不要轻易去改它，至少不要遇到一点点问题、一些噪声就重新修改制度，最短坚持一年，在这一年内收集对这个制度的足够的反馈、充分的反馈；然后一年之后重新检视这个制度，如果真的要改，那就改；如果跳出来看这个制度还不错，左右权衡，发现还是一个好方法，那就继续执行，不要改得太频。

制度不轻定，执行不麻烦，改制不随意，就是种无为。

三、遇事别先挑硬骨头啃

“图难于其易，为大于其细”，面对看似无解的难题，有没有处理的捷径？我的原则是，遇事别先挑最大的硬骨头啃。

第一，从大局判断，这块儿硬骨头是不是一定要啃？最难的不一定是最重要的，最重要的不一定是最难的，先找最重要的。庖丁解牛，目的是把牛解了，而不是砍大骨头，先想清楚。

第二，可以借助更高维的工具，用别的方式来分解这块儿硬骨头。不要说“我人定胜天，我就要干它！在干它的过程中，在自虐的过程中，我产生了满足和快乐！”。

我曾经给广东移动的计费系统公司做战略，我一个学妇科肿瘤的人，怎么可能在那么短的时间内，搞清楚那么多OSS（运行支撑系统）技术细节？我采取的办法是问专家、研究核心词。不追求技术细节，而是看这些技术细节对商业上的意义，如果对商业上没意义，我选择忽略；如果有意义，我再深究。

在工作过程中，“大处着眼，小处着手”，不要总挑最难的事干，要挑最重要的事干。

跟着《道德经》对抗人的惰性，你会发现，虽然每个人都懒，但是你比其他人稍稍克服了一点懒惰，时间长了，甚至有人会认为你挺勤快。

为腹不为目：大欲之外要禁欲

享乐不只是一个人的事，
享乐会给别人带来示范。

第十二章

五色令人目盲，五音令人耳聋，五味令人口爽，驰骋畋猎令人心发狂，难得之货令人行妨。是以圣人为腹不为目，故去彼取此。

绚丽的颜色令人眼花缭乱，纷乱的音乐令人听不清，刺激的美食令人口腔溃疡，骑马打猎令人内心狂乱，稀奇的宝贝令人失态。因此，有道的圣人在生活上只求吃饱，不追求声色犬马等感官享乐，远离奢靡，选择朴素。

第五十三章

使我介然有知，行于大道，唯施是畏。大道甚夷，而民好径。

朝甚除，田甚芜，仓甚虚。服文彩，带利剑，厌饮食，财货有余，是谓盗竽。非道也哉！

假使我对“大道”有着坚定的认知，走在“大道”上，谨慎警惕，最害怕走到邪路上去。“大道”很平坦，百姓都喜欢走小路。

宫殿很整洁，田园却荒芜，粮仓很空虚。穿着刺绣的衣服，佩带锋利的宝剑，饱餐美酒美食，积聚大量钱财宝贝，这是大盗，不是大道！

这一课讲讲享乐，人生在世，如何看待享乐？在你没钱享乐的时候，如何看待享乐？在你有钱、有条件能够享乐的时候，怎么看待享乐？人生观、价值观、世界观，不同的三观会促使人们做出不同的选择。

另外，从高级领导和普通人不同的角度看，享乐主义可能呈现不同的意义。你已经是霸道总裁了，享乐不只是一个人的事，你的享乐会给别人起示范作用。你的享乐如果体现在公司层面，也会增加公司的 burning rate——公司的烧钱率。

最后的最后，如果你被说服，你认为老子和冯唐说得对，就要控制自己的欲望，要严控自己的欲望。那如何做到？如何管理自己的欲望？

一、追求欲望的平衡

人这辈子追求的是欲望的满足，还是欲望的消除？每个人都在不停做取舍。

“五色令人目盲，五音令人耳聋，五味令人口爽，驰骋畋猎令人心发狂，难得之货令人行妨。”

有不同人生观的人对这句话有不同的理解。有人觉得来到世界上辛苦生活，辛苦工作，不就是为了享受五色、五音、五味？有人则认为这些都是牵绊自己的东西，都是过眼云烟。

我认为，多数人应该追求的是这两者的平衡。不要太追求没完

欲望减弱到达核心

冯唐

没了的欲望，也不必一定要追求“千山鸟飞绝，万径人踪灭”的寂静涅槃。

如果你追求欲望，“大道甚夷，而民好径”，不要为了满足欲望不择手段。《大学》讲：“仁者以财发身，不仁者以身发财。”意思就是要懂得财散人聚，不要把自己当成获利的工具。

春秋战国时期有个齐国人很喜欢金子。他到街市上看到金店里闪闪发光的金子，冲上去抢了就跑。捕快立刻抓住了他，说：“你小子胆子真大，街上来来往往这么多人，你怎么敢抢劫呢？”他说：“我拿金子的时候没看见人，只看见了金子。”你可能嗤之以鼻，这齐国人是傻子吗？但现实生活中，只看得见金子，看不到风险的“聪明人”太多了。

挣钱的目的是什么？不同的三观促使人们做出不同的选择。

人生前半程，还没见识过太多，常有各种诱惑引得人百爪挠心。去追求欲望的满足？可以的，但一旦满足，新的欲望就会接踵而来。

人生的后半段，小的欲望对你没有致命吸引了，因为越来越容易被满足，你会产生更大的欲望。追求更大的欲望，风险就随着变大。

追求欲望的满足，不如追求欲望的自生自灭，甚至能达到一个状态，就是内心无比宁静，欲望不再新生。

二、上位者更要去掉差别心

高级领导的喜好有强烈的示范作用。“楚王好细腰，宫中多饿死。”一个霸道总裁爱打高尔夫球，公司很多人会开始学习打高尔夫球，他爱喝红酒，公司很多人就开始研究红酒。

一把手对于物质享受这件事，哪怕是花个人的钱，也要更重视功能性，不要对物质有太强的差别心。

在日常办公、公司年会、餐饮招待等用度方面，不要向大家传递一种意识——追求最有面子的做法和规格，中庸、平衡就好。

三、普通人的最大原则是对自己负责

商业社会是靠激发人类的差别心去运转的。衣食住行有了基本款，就一定有轻奢款、重奢款、极品款，而且一定让你知道差异存在、在哪里。普通人被物质的等级驱动，用消费抚平差异，迷失在瞬间的满足感里。

我建议普通人用“二八原则”来指导享乐和消费。如果花 20 块钱能买到 80 分的快乐，就别花 100 块钱去买 100 分的快乐。省下的 80 块钱，再切成 4 份，再去买另外 4 份 80 分的快乐，这样在 80 分快乐的基础上，你就可以得到比原来多 400% 的快乐。钱没多花，快乐多了 4 倍。

很多人可能会问：“我为什么不能体会余下那 20 分的快乐？”实话说，绝大多数人可能感受不到，可能是绝对浪费。除非你对某种爱好有超乎常人的欣赏和享受能力。普通人容易被差别心带着走，容易被“不求最好，只求最贵”忽悠。

越是高层的管理者，越应该培养跟钱没关系的爱好，不要在追求物质享受中丧失真正的美好。

我在北京南城长大，我曾认为这一片没什么文化底蕴，但一次冬天下雪，我看见雪地里有人拿木棍写《兰亭序》："永和九年，岁在癸丑，暮春之初，会于会稽山阴之兰亭，修禊事也。"周围是破破烂烂的楼，雪地里是穿得破破烂烂的人，但我在那一瞬间觉得世界真美好。

再比如，坚持读书，时间长了，人抵抗无聊欲望的能力更强了。爱读书的一把手，会比"爱细腰"的一把手更能带出好团队。

普通人最大的原则是对自己负责。有钱可以多花点，没钱就不花，心里不纠结，不怨恨。如果你能做到这点，也是普通人里的清流。

四、用好欲望，更能成事

欲望本身不是绝对地坏，欲望炽盛的人往往能量也比较高，容易成事。那怎么管理欲望，把欲望导向正途？我从自身的体会讲三点：

第一，看清欲望的本质，放下执着。

欲望是人性基因编码使然，一旦人被满足之后，欲望的吸引力迅速下降。欲望满足后往往是空虚。我见过不少有过大权、大钱的人，却跟快乐一点边都不沾。他们承受的压力、烦心事，慌慌张张的状态，你很难想象。

我们“哇”的一声降临到世间，“嗯”的一声离开这个世间，中间只是一个体验。放下执着，是管理欲望的第一步。

第二，把欲望导向正途。

如果你始终有一个挥之不去的欲望，那就把它往正路上引。树立一面你一生的欲望之旗，然后放手去追逐它，用它灭掉其他欲望。

我是金牛座，我贪财，我好色，但是我更爱智慧。那我就把智慧这面旗帜树立起来。所以，我小时候想读尽天下书，长大想进大公司做大事。我把增长智慧放在第一位，那我就没有多余的时间、精力、能量去沉溺于其他欲望了。

第三，你不是在对抗个人欲望，是在立德。

当你走上管理岗位时，团队在看着你。如果你不想整个团队被欲望所裹挟，那就行不言之教，以身作则。

看清欲望的本质，树起大欲之旗，大欲之外要禁欲。

五、不忘初心，才能基业长青

“物壮则老，是谓不道，不道早已。”

在市场竞争中胜出的一方，慢慢地心态会发生变化。他可能会仗着自己身大力强，有一种残忍心理——打人就是打着玩，不为了打人获得的利益，而是为了打人产生的快感。这样做的结果就是贪兵必败——“夫乐杀人者，则不可以得志于天下矣”。

生物是有周期性的，历史是有轮回的。但是企业做得好，真的有可能跳出这种轮回，可能做到基业长青。这就要求领导者能够保持初心，回到“道”的本身。

真正能创造一个好的企业的人，他们的初心往往是符合道心的，方式往往符合成事之道、成事之德。哪怕你变得更强，最强，也学会退一步，学会与人分利，不要欺凌弱小。这样你才能跳出企业的轮回，才能做出基业长青的百年老店。做百年老店，从做好自己，不欺负别人开始。

以无为用：

把自己当作容器而非利器

把自己当作容器，

不要当成一把刀子。

第十一章

三十辐共一毂，当其无，有车之用；埏埴以为器，当其无，有器之用；凿户牖以为室，当其无，有室之用。故有之以为利，无之以为用。

三十根辐条一起连接到一个轮毂上，正因为车轮的中间是空的，才做出了车，有车可用。捏黏土制作器皿，正因为器皿的中间是空的，才做出陶器，有陶器可用。开凿门窗修建房屋，正是因为有了房屋中的空间，才有了房屋的作用。所以，有形的东西能给人带来利益，无形的东西可以让事物发挥作用。

第十五章

古之善为士者，微妙玄通，深不可识。夫唯不可识，故强为之容：

豫焉，若冬涉川；犹兮，若畏四邻；俨兮，其若客；涣兮，若冰之将释；敦兮，其若朴；旷兮，其若谷；混兮，其若浊。

孰能浊以止？静之徐清；孰能安以久？动之徐生。

保此道者不欲盈。夫唯不盈，故能蔽不新成。

古代有修道的人，微妙玄远，深不可测，因为深不可测，只能勉强地描述一下：他小心翼翼啊，就像冬天过大河时走在冰上；他很警惕啊，就像害怕周边的人要攻击他；他很庄重啊，就像来访的客人；他很自在啊，就像冰的融化；他很朴实啊，就像没雕凿过的木头；他心胸开阔啊，就像山谷；他很混沌啊，就像一池浊水。谁能在浑浊纷扰的环境里安静，慢慢澄清浑浊？谁能在安稳的环境里行动，慢慢使它焕发生机？抱持大道的人不追求满溢，正因不满溢，因此能够在衰败中再次成事。

以无为用似乎有悖常识。我们在讲追求，不要追求有，越来越有；我们要追求无，保持一个无的状态。达到了无的状态，有是自然而然的事。你追求有，反而不一定有，你追求无，反而有会自己来。这样一个辩证的关系，看似有矛盾之处，但是人生就是这个理，职场也是这个理。我从学习、工作、占有的资源三个方面讲为什么要忌满盈，求空。讲讲工作中用得着的空，它一点不虚。

一、学习忌满盈，要有空杯心态

学习，要忌满盈，虚怀若谷是更正确的学习心态。

做事情，完成后你给自己一点多巴胺的奖励，这可以。但是学习，需要虚怀若谷，人像山谷一样，风才能进来。

不少人“三十不学艺”，排斥新鲜事物，觉得自己已经很牛了，守住会的东西，这辈子都不愁了……从人性上讲，这种人做不到

“不要脸”，做不到面对自己的不足，做不到承认自己还有很多不知道的事情，不敢放下所谓自尊，从纯新的状态开始学习。

二、工作忌满盈，防范风险

哪怕现在你占有的市场份额第一,三五年之后你还是吗？哪怕你已经是商业街上最靓的仔，还是要心怀天下。

做管理的人容易自满，不容易空杯，但是做管理的人对人、对事更要有空杯心态。在你头脑有点热、身体有点飘的时候，想想八个字——“应无所住而生其心”。别待在自己的舒适区，整天想自己有多好，团队和公司有多好，而是想想怎样更好，有什么危险需要提防。

三、用空杯心态组建团队、家庭

空杯心态，在组队上也是一样。

哪怕你个人素质、能力很高，在组队的时候，先看自己差在什么地方。拿出纸笔，列出来。只有意识到自己的差，你才会想到要补人，找个能够补齐自己短板的人，你的班子才算合理。

在生活中找对象，空也是重要的。第一，如果你认为自己没有一处不好，那你就跟自己结婚呗，早上亲镜子里的自己，晚上抱着自己睡去，没有必要再去找其他人了。第二，你要想自己缺啥，喜欢啥却没啥，最希望在人生中能够补进什么东西。通过婚姻补自己的缺憾，是最靠谱的一件事，因为这个人合理合法能跟你度过最多的时间。拿我举例，我笃定，能坚持，能在一套流程上反复跑、耐心跑，跑的效率极高。但我差的地方也明显，我不喜欢变化、意外，不喜欢尝试新的东西。与其找一个跟自己非常像的人，不如找一个跟自己最大优点相当不同的人。因为只有这样你才能走出舒适区，看到不一样的世界。否则两个人看不到别的新鲜东西，这辈子一晃而过。

最后一点，即使你找一个跟自己特点完全相反的人，你还要保证你们有足够相同的三观和习惯，保证你俩在一个屋檐下，过了两三年还能忍受彼此。

四、迎接蓝海，看到战略空间

在学习、工作、生活中，追求空还有一种好处，就是躲开红海，迎接蓝海。

当所有人都去学金融时，你一定要去学金融吗？空就是不往满、不往盈的方向去做，不随大溜也是一种空。当别人都去学金融时，你成为这个城市最牛的厨子、最有手艺的电工，日子不也挺好吗？

空，意味着看到战略空间，看到挣钱空间，看到机会空间。

在我之前，很多人讲《道德经》，把它当成养生学、哲学、宗教

通过婚姻弥补自己的缺憾，看到世界的另一面

冯唐

学去读，当成无用之用去读。我讲《道德经》，把两千多年前的帝王术用现在管理的角度去看，把《道德经》思想落实到今天的管理实务上，这也是一种空，一种填补。

五、占有资源忌满盈，维持生态平衡

占有资源，不是占得越多越好。一个人拿得太多，会引起生态不平衡。

第一，大的生态环境存在动态平衡，个体占据太多好东西，会引发不平衡，结果可能是“千夫所指，无疾而死”，可能是生态被个体破坏、消失，“皮之不存，毛之焉附”，个体再大也没有用了。

我理解，赢者通吃，富者更容易富，权、钱、色大家都喜欢，而且有了一样之后，其他两样也容易得到，得到之后更容易顺着人性贪婪、人性欲望往下出溜。但是，权、钱、色三者最好只要一个，最多要两个。如果一个人忍不住、按不住自己的欲望，那离灭亡也不远了。

忌满盈，就是只拿你最想要的一件东西，将其他欲望遏制住。

第二，本来无一物，是生命的本来面貌。

大家都觉得，“有”比“无”是更好的状态，是因为大家往往只看到“有”的好处，看不到“有”的麻烦。有权、有钱、有色的人不会轻易告诉你，怕你觉得他无病呻吟，变相显摆。“有”引发的麻烦，一点不比“无”少。

我们最终是一个个体。人的一生仿佛拎着一口箱子走进一间屋子，又拎着这口箱子走出来，一进一出，一生过去。一口箱子又能装多少东西？一屋子的东西你又能享用多少？一世界的人，一个人的寂寞。

六、低欲望更能立于不败之地

将人的欲望保持在低的水平，人就能立于不败之地。所求甚少，得到的都是添头，不得也无所谓。多一样东西，就多了一份牵挂。有了就会想着，就会患得患失。

春秋战国时期，有个楚国人丢了一张宝弓，但他坚持不找。他说："楚国人丢的东西，楚国人又得到了，那本质上有什么区别呢？"

我曾经喜欢戴一串西周红玛瑙，因为手上摸着有质感的东西，我心里踏实。触觉是被人类长期压制、漠视以及低估的感觉，好的触觉能给人情绪价值；所以我出门，哪怕知道出门容易丢东西，我还是会戴一点我喜欢摸的东西。有一次我下了飞机，到了酒店，才发现我左手的西周红玛瑙串没了。名牌商品丢了，最多是勒紧裤腰带，省点钱再买一个。但是古董丢了，找着可替换物非常之难。我立刻打电话问接我的司机。他说，找了两遍，没有。当我再次着急的时候，忽然意识到，我修行太差了：一是一个好东西丢了，那捡着它的人珍惜它，严格意义上来说也不叫丢；二是我既然戴着西周红玛瑙上路，把它当成一个可能的耗损品，丢的可能性就比放在家里大了好多，那丢就丢了，你就要把它当成某种合理的消耗。

从工作上、学习上、占有资源上，只有体会到空，只有做到空，有空杯心态，战略上没有人做过的方式，才能致万有。一空致万有，从空得万事。从空入有，比从有入空，是更对的途径。

自胜者强：

自知知人，强者自强

自胜就是迭代能力。

战胜自己，是一切其他胜利的基础。

第三十三章

知人者智，自知者明。胜人者有力，自胜者强。知足者富，强行者有志。不失其所者久，死而不亡者寿。

了解别人的人是聪明，了解自己的人是明智。战胜别人的人有力量，战胜自己的人是强人。知道满足的人是真富，坚持践行的人有信念。不失去大本营的人事业长久，死了后事业被传承、名誉被传扬的人，才是长寿。

第七十一章

知不知，上；不知知，病。

夫唯病病，是以不病。圣人不病，以其病病，是以不病。

明白自己有所不知的人，真好啊；不懂装懂，有病啊。把这个病当成病来治疗，就不是病了。有道的人没有这个病，因为他认识到这种浅薄行为就是病，所以没有这个病。

这一课我们的主题是自胜。

什么叫自胜？知错就改，看到自己的问题，接受事实，然后去改，这叫自胜。自己如果能够战胜自己，那才是一切其他胜利的基础。自胜太难了，自胜太重要了。如果你能自胜，你就具备了神奇的迭代能力。好多人都说要做时间的朋友，你怎么才能做时间的朋友？最重要的是你能自胜，自胜之后你自己就可以迭代，那随着时间流逝，你就会变得越来越强。

如果一个人同样的错误不犯两次，又在一直做事，那给他五年，十年，这会是一个多么强的职业经理人！

一、自知，才能正确判断市场

“知人者智，自知者明。胜人者有力，自胜者强。”

有些人过分自傲，觉得自己什么都好，有些人又极度自卑，觉得自己一无所知。这两种都脱离实际，没能实事求是。那么，如何自知，如何知人？

自知，正确地判断自己，正确地判断自己现在的状态、未来的潜力。有人老嘲笑说：“冯唐自恋。”我一路走来受到了巨大的压力，这些压力总想把我压到桌面之下。我一直强调不偏不倚、不夸不贬、中庸、自知。所以一个人多看不上我，一个人多吹捧我，都不影响我知道自己的擅长和不足。

个人如此，企业也一样。很多企业对市场、客户、竞争对手了解很多，但对自己所知甚少。特别是对应着市场、对应着竞争对手，你到底在什么位置，你有多少斤两？很容易错误地高估自己。

为什么企业、企业家容易高估自己？如果他们不高估自己，可能就没有开始，就不敢创业，不敢带着这么多人往前冲。只有高估自己，他们才能迈出那一步。

二、自知三问：问事实、问自己、问导师

如何做到自知？

第一，数据说话，事实说话。一件事可以试三次，事实会说话的。

第二，对自己坦诚。你扪心自问，你现在做这个事是不是真的喜欢？是不是有兴奋感？你是不是愿意为它吃苦受累？

第三，用空杯心态问你周围更厉害的人。去问那些相对熟悉你，又了解市场、了解人生、有智慧的人，比如你的导师、你的前辈。他们没有任何动力骗你，把你往沟里引没有任何好处，如果他们说的你都不信，那该信谁呢？

三、知人三看：看事实、看极端、看周围

如何做到知人？

第一，还是用事实说话，实事求是。

业绩不向辛苦低头，别总说你辛苦，谁都辛苦，用业绩证明你的能力。我认识一个商场老大，他对一个事情拿不准的时候，会同时找三组人来做。过三年，只留下一组跑出来的，或者把三组合成一组，让跑出来的团队做核心。

这看上去是某种人力上的浪费，但远比你认定一组人，从开始到终盘一直让这组人去做，可能造成的损失要小得多。

第二，看一个人在极端情况下的表现。

日常情况你好我好大家好，是看不出来的。极端的情况、大是大非、大危险大利益面前，看这个人怎么做。

《资治通鉴》中，李克说选人的标准："居视其所亲，富视其所与，达视其所举，穷视其所不为，贫视其所不取，五者足以定之矣，何待克哉！"（《资治通鉴·周纪一》）也就是说，一个人平常跟谁亲近？他发达的时候，给出过什么？推举了什么人？他穷困潦倒的时候，什么事仍然坚决不做？他不要什么东西？从这五个角度去看，你自己就会判断了。

第三，多方接触，多方吸收信息。

不只是在职场，在其他场合也多跟对方接触，比如吃饭、喝酒、打牌等。如果还看不清楚，就看对方身边人的状态，包括他的团队、副手、他的领导（过去的领导、现在的领导）、他的老婆、他的父母，甚至他的小孩。这些人在他身边的时间很长，他们身上的样子，能折射出这个人的实质。

四、管理上如何判断对错

管理上如何判断对错？在管理上，不考虑过程爽不爽，判断行为的对错，以结果为导向。

不管是成事还是不成事，都要去复盘。复盘的目的是要拿到真知灼见——我们到底为什么赢？到底为什么败？

复盘失败案例，事实会告诉你错在哪里。拿到结果之后，充分运用金线原理，通过收集数据、分析数据，用常识、用逻辑得到最后的结论。

比如说，产品卖了一个月还是打不开市场，就要去追问到底什么原因。如果事实显示你的做法是错的，那就别坚持了，多尝试在不同方案中选最合适的方案。但是在现实生活中，路径依赖比比皆是，错了之后坚持再错也比比皆是。

很多强人出问题，是出在认识错误、改正错误的阶段。不撞南墙不回头，撞了南墙也不回头，结果就是造成更大的错误。

失败要复盘，成功也要复盘。泼天的富贵来了，到底是怎么接住的？想想怎么复制你的成功，继续扩大护城河。不然你的竞争对手努力研究后，对于你的成功比你有更深的认识，再打你，你就输了。

五、面对缺点，老老实实改

如何面对自己的缺点和错误？改。

“圣人不病，以其病病，是以不病。”圣人没缺点，是因为他敢于正视和改正缺点。改了之后，这个缺点就不是他的了。人只要干事就会出错，无论这个人的理论素养和实际经验有多丰富，都不能在干之前就有百分之百的正确判断。

在孔子心里最好的学生颜回，他不是不犯错。他只是犯了第一次错误之后，类似的错误绝不会犯第二次。出错了，能意识到错，愿意改，不要经常犯同样的错误，就已经是很好的人了。我们用这个标准要求自己就可以了。

“知足者富，强行者有志。”最后哭得特别惨的，不是那些得到很少的人，而是不知足的人。真正强大、有志向的人，不在胜利的时候嗷嗷怪叫，而是在遭遇失败的时候能意识到自己的错误，像壮士断腕一样一刀砍掉自己人性中最愚蠢之处。

含德之厚：如何保持职场健康

全生、不争、厚德，
收获长长久久的职场健康。

第五十章

出生入死，生之徒十有三，死之徒十有三，人之生、动之死地亦十有三，夫何故？以其生生之厚。

盖闻善摄生者，陆行不遇兕虎，入军不被甲兵。兕无所投其角，虎无所措其爪，兵无所容其刃。夫何故？以其无死地。

人的一生就是从诞生走向死亡。能够长寿的人有30%，早夭的人有30%；有的人喜欢养生，但所作所为都是奔死而去，这样的人又占30%。为什么？因为他们过度养生。

听说那些善于护持生命的人，走在山里遇不上犀牛老虎，进入战场不被兵器伤害。老虎的利爪，犀牛的尖角。兵器的锋刃都对他们不起作用，为什么呢？因为他们不会让自己进入死地。

第五十五章

含德之厚，比于赤子。蜂虿虺蛇不螫，猛兽不据，攫鸟不搏。骨弱筋柔而握固。

未知牝牡之合而全作，精之至也。终日号而不嗄，和之至也。知和曰常，知常曰明，益生曰祥，心使气曰强。

物壮则老，谓之不道，不道早已。

内蕴德性深沉的人，就像婴儿，蜜蜂、蝎子不蜇他，毒蛇不咬他，猛兽不攻击他，猛禽不抓他。婴儿身体柔弱，但拳头握得紧实。

小婴儿不懂男女之事，小生殖器却竖着，这时候的精气最充沛旺盛；天天号哭，声音却不嘶哑，这时候的元气最淳和。淳和就是长久，认识到淳和是明智。过分养生会带来灾祸，思虑多、消耗元气是逞强，事物太强壮就会衰败，这些事都不合乎道。不合乎道，早死。

虽然我认为不能把《道德经》误读成养生经，但是一个职业经理人，三天两头生病，隔三岔五不想活了也不行，养生、乐生也是管理之道的一部分。

一、人应该“贵自身”地生存

没有什么比你的健康、你自己的生命更重要的事情。

“善摄生者”也就是珍惜自己生命的人，不会轻易被别人忽悠，不会轻易被社会忽悠和洗脑，因为他们不会认为自己的生命比其他任何事情次要。记住，好死不如赖活着。

如果做什么事需要牺牲你的健康，偶尔做一次半次，或许勉强可以，但是需要做二次、三次，千万不要！生命只有一次，健康毁掉之后再难恢复。

儒家讲杀身成仁、舍生取义，佛家讲舍身饲虎、割肉喂鹰，这些我都不鼓励做。这么做是逆着自然之道而行，人应该“贵自身”地生存。留得青山在，不怕没柴烧。留得自己的肉身在，不怕没人要。哪怕没人要，到最后我可以像庄子那样，我还可以游荡，为这个世界增加一分淡然的安静。

二、贪得无厌是对生命的损害

人要懂得保生、全生，贪得无厌，实际上是对你自己生命的损害。

我经常灵魂拷问自己两个问题：“一是，我到底需要多少身外之物？衣食住行，我最少需要多少？”我也问过一个建筑设计师，一个人想生活得很幸福，需要多少平方米的房子？他给我一个答案——12 平方米，吃饭、睡觉、枯坐，都够了。

第二个灵魂拷问是：“我最快乐的时光是什么阶段？这个快乐跟外物有那么大的关系吗？”“应无所住而生其心”，不要给生命增加太多的附属物，这些附属物实际上都是生命的累赘。多一点游戏心态，多一点小孩的心态，把现实世界当成一个电子游戏，来人间一场，游戏一场；来人间一场，体验一场。

对于全生，我想说的是，你自己的生命是非常重要的事。哪怕你我都是芸芸众生中的一个，但我们也没有权力去随意结束我们的生命。一旦有人想让你献出生命去证明一件事情时，你千万要小心，能跑则跑。

三、不争是最好的“全生”

“夫唯不争，故天下莫能与之争。”

学会不争，学会不做危险的事。或者说，要去做自己最适合的事。

战略定好，沿着自己的能力，沿着市场的吸引力，定出自己最该干的事、最该争的一亩三分地，你会发现，你只要做了自己该做的事，别人想争也争不过你。

我反复强调过不做危险的事，包括蹦极，包括跳伞，包括其他各种极限运动，也包括在经商环境里不涉险。

不要到“兕虎”那边去，你如果不往那边蹭，“兕虎”找上你的可能性也不大。即使你本性高冷，但也要学会贱、萌、骚，学会示弱，学会说“算了”，学会说“本想仗剑走天涯，起得太晚算了吧”。

四、开心地工作是最大的养生

我从一个西医、一个前妇产科大夫的角度，给大家一点维持健康、保持健康、管理健康的建议：

第一，想开。得不到的就得不到了，得到的就受着。“接受”是最重要的。人跟自己拧巴，跟自己对着干，是所有疾病的源泉。

第二，养成好习惯。最好的习惯是工作的习惯。好多人认为工作是个负担，但我告诉大家一个秘密，开心地工作是最大的养生方式。

我曾问过我导师："您锻炼吗？"我导师说："我不锻炼。"但他八十多岁还能上手术，站得笔直，走得飞快。他的养生秘诀就有三条：吃好、睡好、干好。简单得不可思议，就是该吃吃，该睡睡，开心工作。

尽可能地跟喜欢自己、自己也喜欢的人一块儿做好玩的事，一起成最想成的事。世间最大的滋养，就是和正确的人共度时光。

生活的好习惯也没那么复杂，无非是饮食有度，起居有节，适度锻炼，不凑热闹，不涉险，不跟傻瓜争口头上的短长，等等。对待自己的身体，能不吃药就不吃药，相信自然之力，相信你自己自身免疫之力。很多时候，"有为"是你的健康最大的敌人。

如果你工作上、生活上都有这些好习惯，其实你的健康就有一个很好的基础。

最后，我想强调的是，厚德载物，不能仗势欺人。

如果你不是被伤害的那一方，哪怕你很强，哪怕你是龙子、虎子，哪怕你有爪子，也不要用它们来欺负人。我们生而为人，带来各种人性之光、人性之恶，我们的任务是弘扬人性的光芒，抑制人性的黑暗，那些暗势力、暗能量不要去碰。

全生、不争、厚德，为的是你能够保护自己的健康，而且不损害其他人的健康。长期如此，你会发现你有足够好的基础去承接迎面而来的机会。

受国不祥：

承压能力决定你事业的上限

欲戴皇冠，必承其重。

能吃多大的苦，能受多大的罪，

才能成多大的名，能成多大的事。

第十三章

宠辱若惊，贵大患若身。

何谓“宠辱若惊”？宠为上，辱为下，得之若惊，失之若惊，是谓宠辱若惊。

何谓“贵大患若身”？吾所以有大患者，为吾有身，及吾无身，吾有何患？故贵以身为天下，若可寄天下；爱以身为天下，若可托天下。

受到宠爱和受到侮辱，都要警惕，像重视生命一样重视大的灾祸。

什么是“宠辱若惊”？受宠爱就会处在高位置，受侮辱就会处在低位置，得到它们时警惕小心，失去它们时也警惕小心，这就是“宠辱若惊”。

什么是“贵大患若身”？我之所以有大灾祸，是因为我这个身体。如果我没有身体了，我又会有什么灾祸呢？所以，像珍惜自己的身体一样珍惜这个世界的人，可以把世界托付给他；像爱自己的身体一样爱这个世界的人，可以把世界寄托给他。

第七十八章

天下莫柔弱于水，而攻坚强者莫之能胜，其无以易之。弱之胜强，柔之胜刚，天下莫不知，莫能行。

是以圣人云：“受国之垢，是谓社稷主；受国不祥，是为天下王。”正言若反。

世界上最柔弱的莫过于水，但能攻克坚强事物的东西，没有比水更厉害的了，这是因为水从来没有改变它的本性——处在卑下的低位。弱胜强，柔胜刚，世间人都知道，都不能践行。

因此，有道的人说：“能够为国家接受辱骂的人，就是社稷的主人；能够替国家承担灾祸的人，就是世界的王者。”这是正面的话，听起来像反话。

“欲戴皇冠，必承其重”，听上去是废话。大多数人只想到皇冠，只想到权杖，只想到霸道总裁有多爽，从来没有想过孤峰顶上再无上升之路，放眼四顾皆是下坡之路。这种压力，这种风险，不是正常人能轻易承受的。这一课我们讲一讲压力管理。压力管理，需要注意三点：

第一，我们对待宠辱的态度。

第二，成事人不是亡命徒，一定要避开最大的风险，没有必要把自己全部身家性命、全部健康幸福押到成事上。

第三，想清楚自己的承压能力，发现自己承压能力差，咱们就在大树下待待、歇歇，稍稍干点力所能及的事情就好了。自己承压能力强，慢慢往合适的位置走。

一、宠辱只是状态，平稳更有价值

“宠辱若惊，贵大患若身。”宠为上，辱为下，得之若惊，失之若惊，是谓宠辱若惊。

宠、辱都不是中性词，宠是有人超越了正常范围地去喜欢你，辱是有人超越了正常范围地去恶心你，这都不是正常的状态。

当身边出现了过分的好和坏时，你都要警惕。而不是对待宠就欢天喜地，对待辱就垂头丧气。

MBA 毕业之后，我一直从事管理工作。多年下来，我发现管理工作跟医院临床工作非常相像，就是每天都是如履薄冰的。所以，我非常认同老子的观点。别考虑是荣是辱，它只是一种状态。荣过了辱可能会来，辱处理好了，荣也会慢慢来，安心做事才是更正确的态度。

从公司角度看，运转最好的方式是平稳，平稳才能持久，所以对于宠、辱，公司也都是要警惕的。公司莫名其妙有了一场泼天的富贵，或者莫名其妙遭受了一次公关打击，都是正常的，心态要稳住。

二、做训练有素、宠辱不惊的人

训练有素的人，不应该因为突如其来的好或坏而过分激动，不应该因为突如其来的泼天富贵或泼天脏水而过分乐观或自卑。你就知道自己是谁，在干什么，现在的水平怎样，在市场竞争中的位置是怎样的，尽量实事求是，就能接近宠辱不惊。

就我自己而言，我对于“宠”更加警惕。我值吗？我配吗？我有足够的自信、足够的实力撑起这些宠吗？

“辱”反而更能让我平静，激发我的斗志。我会隔三岔五地去搜索一下看看最近变着花样骂我的人，都在骂些什么。首先我很欣赏大众骂街的创造力，其次，这些负面评论能让我冷静下来，更好地面对现在的机会和挑战。

宠辱若惊，其实是一种挺累的活法。协和医学院老教授们反复教导我们的就是“如临深渊，如履薄冰”。哪怕一个看似简单的感冒，也可能是一个复杂疾病的先兆，可能要了患者的命。所以每时每刻，只要你是个临床大夫，就要把自己当成患者和死神之间最后一道防线。

三、如何忘掉宠辱，释放压力

做管理需要管理者时时刻刻临深履薄。《三国演义》有句话很贴切：“荣者自安安，辱者定碌碌。”人有荣耀、过得好，他会安于这种安定；人在困扰中、受着辱，他会忙忙碌碌去拯救自己的痛苦。

我认为更正确的态度是：宠，你要分析，是不是你应得的？原因是什么？能不能让这种宠成为你核心竞争力的一部分？宠背后的潜在风险是什么？而如果是辱，你要看清楚到底发生了什么，是谁、为什么想干掉你？

范仲淹登岳阳楼，说“心旷神怡，宠辱偕忘，把酒临风，其喜洋洋者矣”。范仲淹这样的管理者，也只有在把酒临风、面对美景时才可以忘掉宠辱。说明人想忘掉宠辱，实难。如果你偶尔想开个小差，想忘掉宠辱，试着和一些无功利关系的朋友一块儿喝酒聊天，一个人可以选择读书，如果你像我一样有表达欲，那就试试写作，换换脑子，在书里、在诗里忘掉宠辱。

四、疯魔之前，及时扯脱

“宠辱若惊，贵大患若身。……何谓‘贵大患若身’？吾所以有大患者，为吾有身，及吾无身，吾有何患？故贵以身为天下，若可寄天下；爱以身为天下，若可托天下。”

成事人不是亡命徒，不要不计代价、不计后果地去成事，保全自己是非常重要的底线。

一个人已经有了成事之道、成事之德，那他最大的风险是什么？我有时候想，冯唐现在最大的风险是什么？是“塌房”吗？其实我想还好。最大的风险，我觉得还是“挂”了，“挂”了之后大家没的玩了。最重要的还是你能健康、相对乐呵地活着。

如果你看到领导、同事身体持续出现各种预警信号，还在拼命地干活，怎么办？提醒他们，保重，冷静！

另外，还有一种方式就是扯脱。在一个人状如疯魔地去干事的时候，因为此而造成的生意上的损害，一些固有关系上的损害，可能会大到超乎想象了。这时候他自己如果能意识到，自己能扯脱最好；如果不是，领导、同事、下属应该帮帮他扯脱，强制他休息。

五、承压能力决定你的上限

“受国之垢，是谓社稷主；受国不祥，是为天下王。”

君主管理国家，并不只是千万人在供养他，他只需要过好日子。灾害来了，他也要自己顶上去，国家有了不祥，他也是要第一个被惩罚的。

商汤推翻了夏桀做了天下主，国家大旱，五年都没什么好收成。于是商汤就剪了自己的头发，捆起自己的双手，用自己代替祭祀用的猪狗牛羊，向上天祈福，说：“余一人有罪，无及万夫。万夫有罪，在余一人。”我一个人有罪，老天不要惩罚老百姓，哪怕退一万步老百姓有罪，就惩罚我一个人吧。

从古至今，真正的霸道总裁日子都不容易过。管理是委屈的艺术。一把手就是最后责任的承担者，其他人理应把你当成垃圾桶，坏消息、负面情绪、不好处理的事情、难题最后都会甩向你。你要持续地听进去，持续地去解决，持续地看开，这才是真正的霸道总裁。

没有这种承压能力，不想天天过如垃圾桶一般的日子，你可以“望峰息心”，看到山真高、真陡、真难，爬山的心就没了。

我哥哥，四十一岁就退休了，去了东海之滨，天天面朝大海。虽然不见得天天春暖花开，但二十几年过去了，我依然觉得他做了这辈子最正确的决定。

如果你经常凝望更高的山，想成为更厉害的人，想管更多的事，我当然理解这种好胜之心，但劝你一句："绝怜高处多风雨，莫到琼楼最上层。"

压力管理对每一个做事人都很重要。

安全的释压方法是，找一些跟自己公司完全不相关的朋友，只是因为同样的兴趣爱好，彼此认可对方的特点，大家聚聚聊聊，每个月给自己一两个这样的夜晚。

另外，把情绪价值建立在一些自己的爱好上，而不建立在其他人上，你的自由度就会更高。

知足常足：欲望管理的尺度

生而为人，欲望满身。
做好欲望管理的人，活得都不错。

第四十六章

天下有道，却走马以粪；天下无道，戎马生于郊。祸莫大于不知足，咎莫大于欲得。故知足之足，常足矣。

天下有道时，马都用来耕田；天下没有道时，大量战马就在郊野繁育。没有比“不知足”更大的灾祸，没有比“想得到”更大的错误。所以，知足后的满足，是真正的满足。

第六十九章

用兵有言：“吾不敢为主而为客，不敢进寸而退尺。”是谓行无行，攘无臂，扔无敌，执无兵。

祸莫大于轻敌，轻敌几丧吾宝。故抗兵相加，哀者胜矣。

兵法家有句话：“我不敢做进攻方，宁愿做防守方；在战场不敢前进一寸，宁愿后退一尺。”这就是虽然军队有阵势，却像没有阵势；士兵挥舞手臂，却像没有手臂；士兵正面对敌，却像没有敌人；士兵手执武器，却像没有武器。

没有比轻敌更大的灾祸，一旦轻敌，往往容易丧失己方的优势。所以，两军实力相当的时候，抱有必死之心的一方就会获胜。

第六十一章

大国者下流，天下之交；天下之牝，牝常以静胜牡，以静为下。

故大国以下小国，则取小国；小国以下大国，则取大国。故或下以取，或下而取。大国不过欲兼畜人，小国不过欲入事人。夫两者各得其所欲。大者宜为下。

大国就像江河的下游，就像世界的母兽，处在世界交汇融合的地方。母兽常常因为平静而胜过公兽，用平静的姿态处在下位。

所以，大国谦逊地对待小国，就会获得小国的归附；小国谦逊地对待大国，就会获得大国的庇护。前者用谦逊来获得，后者因谦逊被包容。大国的目的不过是多兼并他人，小国的目的不过是求得保护。这样，两方都实现了目的，因此，大国更应该谦逊卑下。

这一课我们围绕着欲望管理，讲讲欲望管理几个重要的方面。

第一，“祸莫大于不知足，咎莫大于欲得”。说最大的祸来自哪里？最大的祸就来自不知足。如果你不想得，你可能不会出那么大的错。知足还是不知足？进取不一定意味着就是不知足。有好的东西我就不要吗？有机会我就不占吗？不是的，之后我给大家慢慢讲。

第二，“吾不敢为主而为客，不敢进寸而退尺”，讲的是商场如果需要“打仗”，如果需要竞争，那如何在商战中管理自己的欲望？

第三，“大者宜为下”。“大者”，你容易有欲望去霸凌人家，去欺负人家，牛哄哄地走在街头上。想劝各位的是，“大者”在跟别人合作的时候，“宜为下”，多照顾照顾小的，多照顾照顾弱的，这样你能活得好一点，活得持久一点。

一、什么时候要和不要

“祸莫大于不知足，咎莫大于欲得。”

很多人把“知足常乐”错误地理解为“躺平”、不作为的借口——“我现在挺好的，我知足了，啥也不干了”。其实，“知足常乐”是“无为而无不为”的一个侧面而已。不做那些乱七八糟的事，守好自己的阵地，不要去贪此外太多的事情。

欲望管理的度，不是说该得的不得、该要的不要。“天与不取，反受其咎”，“天与不取，不吉”，如果老天给你，你却屃了、不自信、不敢要，那么不仅你得不到，很可能还会反受其害。

陈桥兵变，赵匡胤黄袍披身。披上之后，他还能脱下来吗？脱下来之后，他被干掉的风险更大。

重耳早年被后母迫害而颠沛流离，终于在齐国娶得了美女齐姜，过上了好日子。结果却被幕僚和齐姜合伙儿灌醉了，把他带离了齐国。他酒醒之后，拿着宝剑就想干掉幕僚，说：“我好不容易过上好日子，你为什么要逼我做晋国国君？”幕僚劝住了他，最后重耳还是成为一代霸主晋文公。有时候“霸道总裁”在打第一枪的时候是被动的，都是别人逼的。

刘邦还是基层小官吏的时候，送一群徒役去骊山。结果因为天气、因为路况……不管因为什么，耽误了。在秦朝，在指定日期之前你到不了是杀头的罪。刘邦说："反正去了也是死，咱们就地散了吧，江湖不再见。"结果有十几个人死活要跟着他，最后一步一步把他逼向了起义之路，这是被动的自然而然。

如果你真是有能力、有命、有运的天选之人，第一，你不要躲，别人逼你的时候，你好好想想该不该做。第二，你躲，其实有巨大风险。既然水已穷、路已尽，请上岸，请爬山。你如果硬回头，就会被老虎吃掉。第三，你接受了命运的安排，走上了一条崎岖的道路，其实对于整个人类也是好的。如果赵匡胤坚持不要黄袍，如果重耳沉迷小日子，如果刘邦没有造反，老百姓日子会过得更差。

二、抓不住的东西要学放手

欲望管理一个极端是，老天给你了，觉得是你该拿的，你不要，这不吉；反过来，另外一个极端是不要没有任何基础、胜算、根据地去要。

"祸莫大于不知足，咎莫大于欲得。"如果你真有欲望，耐下心，放下一张纸，拿起一支笔，分析一下，你为什么要去追求它？你凭什么去追求它？你有什么本事要它？如果欲望管理不好，这件事对别人的伤害有可能比对你自己的伤害还大。霸道总裁一个决定，如果是错误决定，如果是欲望没有管理好而做出的决定，很有可能导致公司走向衰败甚至破产，造成公司员工以及跟这个公司相关的合作方、供应商等等出现很多问题。反过来，这种损害——几十个、几百个、几千个家庭受损失，产生的戾气，产生的怨念，很有可能反过来会伤害到霸道总裁他自己，这样霸道总裁的日子也不好过。

“吾不敢为主而为客，不敢进寸而退尺。”先出手的人耗能大，不要像个地痞二溜子一样整天在街上混，整天在街上晃悠，说“哪儿有架可打呀？你看我不顺眼呀？打一架呀！”，不要到处找仗打，是更好的一种处理方式。别人哪怕要打我，哪怕要逼我，先退一尺，退一尺为敬，守住自己的无为。如果这个人得寸进尺，甚至得尺进丈，那个时候再说，不要主动。

三、强者宜为下

商场上的外交“大者宜为下”。更大的一方，更要谦虚，更要像水一样处下、容忍、承载、滋养。

拿权势、拿自己公司的实力压人，这样做的弊端很多：一是不长久；二是让人口服心不服；三是把别人的人性恶逼出来，你有屠龙刀，别人也有倚天剑。

春秋末年，晋国国君没有实权了，智氏是六家列卿中最强大的。当时智氏的族长智伯，按捺不住野心，相继兼并了范氏、中行氏，接着进攻赵氏。赵氏联合了另外两家相对弱小的列卿——韩氏和魏氏，发起了对智伯的反攻，智伯家族最后被消灭了，智伯也被人杀死。

强者欺负弱者，强者在明处；强者没有必死之心，弱者有必死之心。即使是弱者，但当大家一起对付你的弱点时，你再强大也很难招架。

你再强大，不要欺负合作方。多照顾弱小，你能活得好一点，活得久一点。

功遂身退：为了整体人生更好

守住内核，该撤就撤。
大步后退，或者换个山头爬，
都是进取之道。

第九章

持而盈之，不如其已；揣而锐之，不可常保。

金玉满堂，莫之能守。富贵而骄，自遗其咎。功遂身退，天之道。

端酒杯太满，不如适可而止；打磨兵刃让它更锋利，但锋利无法保持长久。

金玉满堂，没有人守得住。富贵而且骄横，会给自己留下灾祸。功成身退，是天道。

第四十四章

名与身孰亲？身与货孰多？得与亡孰病？是故甚爱必大费，多藏必厚亡。知足不辱，知止不殆，可以长久。

身体和名望，哪个更值得珍惜？身体和钱财，哪一个分量更重？得到和失去，哪一个更有害处？所以，过分求取名利，必然大耗身心；财物积攒得多，必须失去的也多。知道满足的人不会受辱，知道停止的人没有灾祸，可以保持平安长久。

成事的最后，终将面对“退”这个问题。前面都是讲“进”，进的过程中如何无为而无不为。进取不容易，但是退更难，如何找到合适的时机退？以我的观察，古往今来、古今中外多数人的退是被动的退。身体不行了，被抓了，被人背刺捅刀了，原来进取的好环境不在了，一朝天子一朝臣，因为上述这些原因你被迫退了。能够自己主动地大踏步地退，而且退成了的、善终了的，古往今来非常之少。

我知道一个例外是张良。这个长得美的官二代，在辅佐刘邦成就了“大汉公司”之后，说：“欲从赤松子游。”他去修仙了。他真的喜欢修仙吗？其实不是的。功成身退，狠人也有这个可悲之处。

一、退不是放下，是为了更好

关于功成身退，我想讲三点。

第一，有了一定成就的人，必然是贪婪的，功成身退更难。

很多能成事的人，其实他分辨不出他成功的因素里，哪些是老天给的，哪些是老天会持续给的，哪些是老天只会给一次的。

所以好多人把运气当本事，把老天给你、别人给你、团队一起努力来的都当成自己应得的。很多时候，这份结果不给你，你也许不难受。但是给你了，你又得让出去，那真的是违背人性。因为得到过又失去，人会特别难受，还不如没有过，这就是人性。

第二，功成身退并不是放下一切，而是为了整体人生更好。

放弃有的时候不是无、不是落寞，而是为了效率最大化。用好你自己这块儿材料，让整体的效果最好。

一个人成事上的“成熟”，是达到“了却君王天下事，赢得生前身后名”的格局。看得远一点，你能在未来十年、几十年的尺度里持续向好、基业长青，并且在过程中，得了自己该得的。

第三，功成身退是为了降低巨大的风险。

在一些极端情况下，比如你突然得到了特别大的名、特别大的权，你首先要考虑什么时候该大踏步地后退。有些时候，大踏步后退反而是进取，反而是为了能更长久地英勇。

守住内核，该撤就撤！虽然功成身退，但你还是你。

分清自身和外界。自身指的是你自己、你的团队；外界指的是名利、荣誉等。我们应该守住自身的核心。其实，由你的核心团队，再往内缩一下，你的好友家人再往内缩一下，缩到最后，你会发现，是自己。

不要总认为周围这一切会永远和你在一起，也不要认为这一切就应该和你在一起。不是的！人家有人家的世界，所以你要守住自己的核中之核。

秦国曾经有个小人物叫范雎，通过自己一路努力当上了秦国国相。权力如日中天之时，有一个叫蔡泽的人来找他，劝范雎从国相位置上主动退下来。蔡泽说：“人立功希望的是能有一个好的结果，保全身和名。秦昭襄王是一个敦厚念旧的人君吗？跟着他的人都有好报吗？”范雎想了一下，答案都是否定的。于是范雎大踏步地从秦国国相的位置上退了下来。

范雎花前半生拼命争取到的位置，还没有遇到任何明显的风险，竟然只因为认真思考并听劝了，最后得了善终。

二、用成事智慧走好一生

如果管理者贪恋权力，功成而不甘身退，会有什么样的风险？

秦始皇团队有个二把手——狠人李斯。秦始皇死后，李斯没能大权在握，但是也没能及时撤退。秦始皇死，在秦二世、赵高、李斯的合谋下，秦二世顺利接班。李斯知道的太多了，等着他的结果，就是死。最后他被比他更狠的同谋赵高送上了断头台。

李斯全家被押送到咸阳城的街市上准备腰斩。这时候，李斯对他的次子说："吾欲与若复牵黄犬，俱出上蔡东门逐狡兔，岂可得乎！"——"爸爸想带着你一起骑着马、牵着狗出上蔡东门去打野兔。还能再做一次吗？"临刑前他才体会到这件小事带给他的巨大的幸福感，但是他已经做不了什么了。这该是多么巨大的失落、巨大的苍凉啊！

在管理者还有诸多选择权、诸多自由的时候，他的心中可能只有天下，往往会忽视生活中的细小美好，把它们当成生命中不重要的、轻飘飘的、可以忘掉的东西。我觉得，这是件挺可悲的事。

同样是身居高位，张良"欲从赤松子游"，为什么他能做到呢？

第一，张良小时候见过好东西。他生在一个世家，家族的财富甚至达到可以谋反的程度。

第二，他做成过大事，站过山巅之上。历尽千辛万苦，"大汉公司"成立了，稳定了。

第三，他从小体弱多病。知道什么是空、什么是无。知道应该适时熄灭自己的雄心，知道有些无奈不是自己发狠心就能做到的。

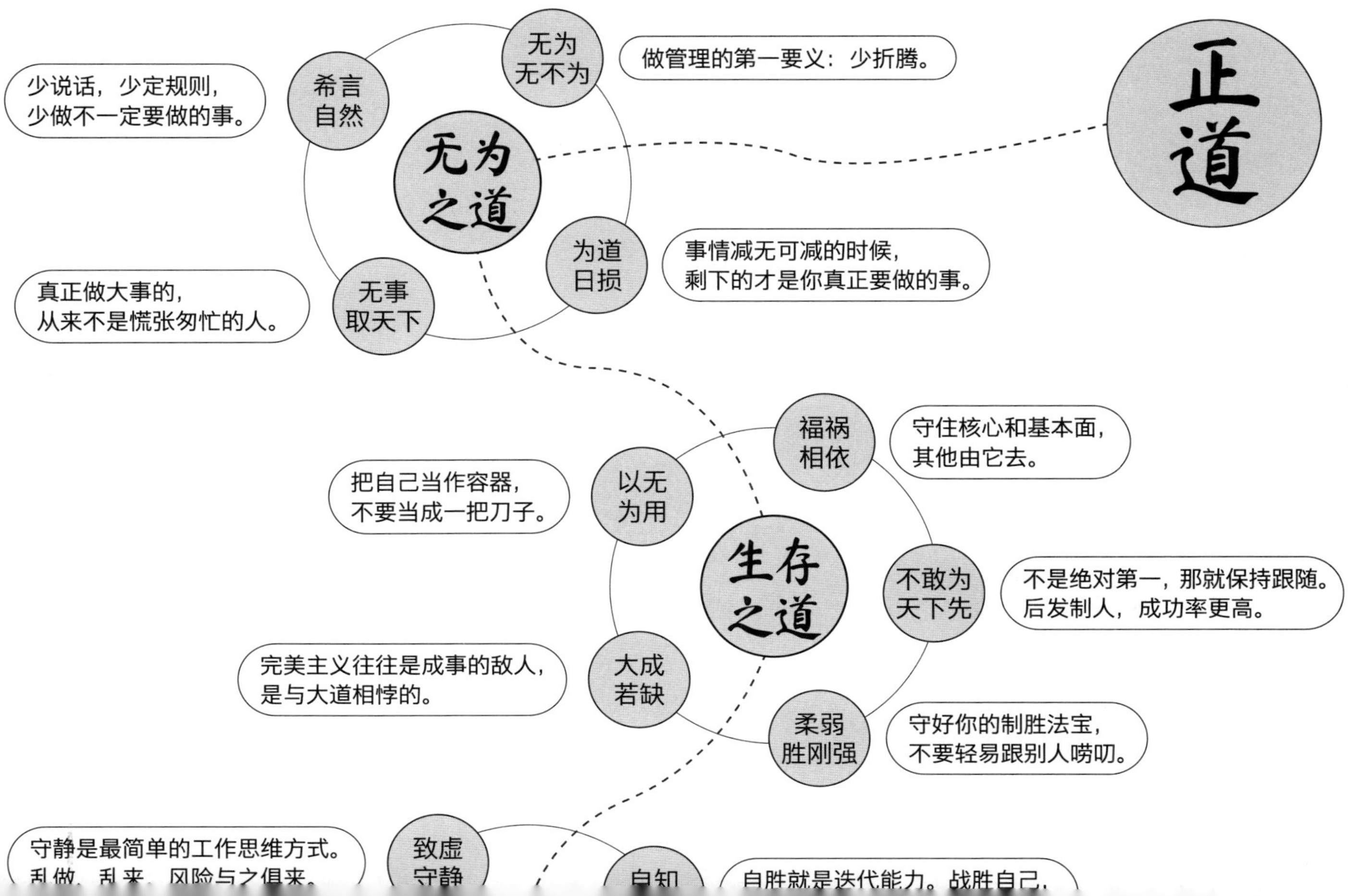
正道
无为之道
希言自然
少说话，少定规则，少做不一定要做的事。
无为无不为
做管理的第一要义：少折腾。
为道日损
事情减无可减的时候，剩下的才是你真正要做的事。
无事取天下
真正做大事的，从来不是慌张匆忙的人。
生存之道
福祸相依
守住核心和基本面，其他由它去。
以无为用
把自己当作容器，不要当成一把刀子。
不敢为天下先
不是绝对第一，那就保持跟随。后发制人，成功率更高。
大成若缺
完美主义往往是成事的敌人，是与大道相悖的。
柔弱胜刚强
守好你的制胜法宝，不要轻易跟别人唠叨。
致虚守静
守静是最简单的工作思维方式。乱做、乱来，风险与之俱来。
自知
自胜就是迭代能力。战胜自己，

张良得到过，打过美好的大仗，也有更多的成事智慧走完他的一生。

三、不退不休，不作不食

我常常在想，冯唐能不能功成身退？

麦肯锡通常退休年龄是五十岁，退休之后，干一点原来因时间太少、工作太忙而没时间、没精力去干的事，一辈子也会很美好地过。我其实还有很多大大小小的理想，比如说学学甲骨文，写长篇小说，等等。

我有条件、有资格做一些不太费力气但是收入也不错的事。比如，给几家上市公司做做独董；我怀揣一颗平常心、一支签字笔、一个电脑，去给大公司讲讲成事学。

想来想去，我不想这么退休。我是“一日不做一日不食”的奉行者，只要活着，我就不能停止做事。到了我该退下来的时候，我会比以前做得更好。

人活世间，除了逐鹿中原，还有一点其他小爱好值得追逐。

無

知足不辱，知止不殆

以无事取天下

天下万物生于有，有生于无

见素抱朴，少私寡欲

功遂身退，天之道

《道德经》原文

万物负阴而抱阳

有无相生，难易相成

国之利器不可以示人

将欲夺之，必固与之

上士闻道，勤而行之

上篇·道经

一章

道可道，非常道；名可名，非常名。

无名，天地之始；有名，万物之母。

故常无欲，以观其妙；常有欲，以观其徼。

此两者同出而异名，同谓之玄。玄之又玄，众妙之门。

二章

天下皆知美之为美，斯恶已；皆知善之为善，斯不善已。

故有无相生，难易相成，长短相较，高下相倾，音声相和，前后相随。

是以圣人处无为之事，行不言之教。万物作焉而不辞，生而不有，为而不恃，功成而弗居。夫唯弗居，是以不去。

| 三章 |

不尚贤，使民不争；不贵难得之货，使民不为盗；不见可欲，使民心不乱。

是以圣人之治：虚其心，实其腹；弱其志，强其骨。常使民无知无欲，使夫智者不敢为也。为无为，则无不治。

| 四章 |

道冲，而用之或不盈。

渊兮，似万物之宗：挫其锐，解其纷；和其光，同其尘。湛兮，似或存。吾不知谁之子，象帝之先。

| 五章 |

天地不仁，以万物为刍狗；圣人不仁，以百姓为刍狗。

天地之间，其犹橐籥乎？虚而不屈，动而愈出。多言数穷，不如守中。

| 六章 |

谷神不死，是谓玄牝。玄牝之门，是谓天地根。绵绵若存，用之不勤。

| 七章 |

天长地久。天地所以能长且久者，以其不自生，故能

长生。是以圣人后其身而身先，外其身而身存。非以其无私邪？故能成其私。

|八章|

上善若水。水善利万物而不争，处众人之所恶，故几于道。

居善地，心善渊，与善仁，言善信，正善治，事善能，动善时。夫唯不争，故无尤。

|九章|

持而盈之，不如其已；揣而锐之，不可常保。

金玉满堂，莫之能守。富贵而骄，自遗其咎。功遂身退，天之道。

|十章|

载营魄抱一，能无离乎？专气致柔，能婴儿乎？涤除玄览，能无疵乎？爱民治国，能无知乎？天门开阖，能为雌乎？明白四达，能无为乎？

生之畜之，生而不有，为而不恃，长而不宰，是谓玄德。

十一章

三十辐共一毂，当其无，有车之用；埏埴以为器，当其无，有器之用；凿户牖以为室，当其无，有室之用。故有之以为利，无之以为用。

十二章

五色令人目盲，五音令人耳聋，五味令人口爽，驰骋畋猎令人心发狂，难得之货令人行妨。是以圣人为腹不为目，故去彼取此。

十三章

宠辱若惊，贵大患若身。

何谓“宠辱若惊”？宠为上，辱为下，得之若惊，失之若惊，是谓宠辱若惊。

何谓“贵大患若身”？吾所以有大患者，为吾有身，及吾无身，吾有何患？故贵以身为天下，若可寄天下；爱以身为天下，若可托天下。

十四章

视之不见名曰夷，听之不闻名曰希，搏之不得名曰微。此三者不可致诘，故混而为一。

其上不皦，其下不昧，绳绳不可名，复归于无物。是谓无状之状，无物之象，是谓惚恍。迎之不见其首，随之不见其后。

执古之道，以御今之有，能知古始。是谓道纪。

十五章

古之善为士者，微妙玄通，深不可识。夫唯不可识，故强为之容：

豫焉，若冬涉川；犹兮，若畏四邻；俨兮，其若客；涣兮，若冰之将释；敦兮，其若朴；旷兮，其若谷；混兮，其若浊。

孰能浊以止？静之徐清；孰能安以久？动之徐生。

保此道者不欲盈。夫唯不盈，故能蔽不新成。

十六章

致虚极，守静笃。万物并作，吾以观复。

夫物芸芸，各复归其根。归根曰静，是谓复命，复命曰常，知常曰明。不知常，妄作，凶。

知常容，容乃公，公乃王，王乃天，天乃道，道乃久，没身不殆。

十七章

太上，不知有之；其次，亲而誉之；其次，畏之；其次，侮之。

信不足焉，有不信焉。悠兮，其贵言。功成事遂，百姓皆谓“我自然”。

十八章

大道废，有仁义；慧智出，有大伪。六亲不和，有孝慈；国家昏乱，有忠臣。

十九章

绝圣弃智，民利百倍；绝仁弃义，民复孝慈；绝巧弃利，盗贼无有。此三者以为文不足，故令有所属：见素抱朴，少私寡欲，绝学无忧。

二十章

唯之与阿，相去几何？善之与恶，相去若何？人之所畏，不可不畏。荒兮，其未央哉！

众人熙熙，如享太牢，如春登台。我独泊兮，其未兆，如婴儿之未孩。儽儽兮，若无所归。

众人皆有余，而我独若遗。我愚人之心也哉，沌沌兮！俗人昭昭，我独昏昏；俗人察察，我独闷闷。澹兮，其若海；飂兮，若无止。

众人皆有以，而我独顽似鄙。我独异于人，而贵食母。

二十一章

孔德之容，惟道是从。

道之为物，惟恍惟惚。惚兮恍兮，其中有象；恍兮惚兮，其中有物。窈兮冥兮，其中有精；其精甚真，其中有信。

自古及今，其名不去，以阅众甫。吾何以知众甫之状哉？以此。

二十二章

曲则全，枉则直；洼则盈，敝则新；少则得，多则惑。

是以圣人抱一为天下式：不自见，故明；不自是，故彰；不自伐，故有功；不自矜，故长。夫唯不争，故天下莫能与之争。

古之所谓"曲则全"者，岂虚言哉？诚全而归之。

二十三章

希言自然。故飘风不终朝，骤雨不终日。孰为此者？天地。天地尚不能久，而况于人乎？

故从事于道者同于道，德者同于德，失者同于失。同于道者，道亦乐得之；同于德者，德亦乐得之；同于失者，失亦乐得之。

信不足焉，有不信焉。

二十四章

企者不立，跨者不行；自见者不明，自是者不彰，自伐者无功，自矜者不长。其在道也，曰余食赘行，物或恶之，故有道者不处。

二十五章

有物混成，先天地生。寂兮寥兮，独立不改，周行而不殆，可以为天下母。

吾不知其名，字之曰“道”，强为之名曰“大”。大曰逝，逝曰远，远曰反。

故道大，天大，地大，王亦大。域中有四大，而王居其一焉。人法地，地法天，天法道，道法自然。

二十六章

重为轻根，静为躁君。

是以圣人终日行不离辎重，虽有荣观，燕处超然。奈何万乘之主，而以身轻天下？轻则失本，躁则失君。

|二十七章|

善行，无辙迹；善言，无瑕谪；善数，不用筹策；善闭，无关楗而不可开；善结，无绳约而不可解。

是以圣人常善救人，故无弃人；常善救物，故无弃物。是谓袭明。

故善人者，不善人之师；不善人者，善人之资。不贵其师，不爱其资，虽智大迷。是谓要妙。

|二十八章|

知其雄，守其雌，为天下谿。为天下谿，常德不离，复归于婴儿。

知其白，守其黑，为天下式。为天下式，常德不忒，复归于无极。

知其荣，守其辱，为天下谷。为天下谷，常德乃足，复归于朴。

朴散则为器，圣人用之则为官长。故大制不割。

|二十九章|

将欲取天下而为之，吾见其不得已。天下神器，不可为也。为者败之，执者失之。

故物或行或随，或歔或吹，或强或羸，或挫或隳。是以圣人去甚、去奢、去泰。

三十章

以道佐人主者，不以兵强天下。其事好还：师之所处，荆棘生焉；大军之后，必有凶年。

善有果而已，不敢以取强。果而勿矜，果而勿伐，果而勿骄，果而不得已，果而勿强。物壮则老，是谓不道，不道早已。

三十一章

夫唯兵者，不祥之器，物或恶之，故有道者不处。

君子居则贵左，用兵则贵右。兵者，不祥之器，非君子之器，不得已而用之，恬淡为上。胜而不美，而美之者，是乐杀人。夫乐杀人者，则不可以得志于天下矣。

吉事尚左，凶事尚右。偏将军居左，上将军居右，言以丧礼处之。杀人之众，以哀悲莅之，战胜，以丧礼处之。

三十二章

道常无名，朴虽小，天下莫能臣也。侯王若能守之，万物将自宾，天地相合。以降甘露，民莫之令而自均。

始制有名，名亦既有，夫亦将知止。知止可以不殆。

譬道之在天下，犹川谷之于江海。

三十三章

知人者智，自知者明。胜人者有力，自胜者强。知足者富，强行者有志。不失其所者久，死而不亡者寿。

三十四章

大道泛兮，其可左右。万物恃之而生而不辞，功成而不名有，衣养万物而不为主，常无欲。

可名于小，万物归焉而不为主；可名为大，以其终不自为大，故能成其大。

三十五章

执大象，天下往，往而不害，安平泰。乐与饵，过客止。道之出口，淡乎其无味，视之不足见，听之不足闻，用之不足既。

三十六章

将欲歙之，必固张之；将欲弱之，必固强之；将欲废之，必固兴之；将欲夺之，必固与之。是谓微明，柔弱胜刚强。

鱼不可脱于渊，国之利器不可以示人。

三十七章

道常无为而无不为。侯王若能守之，万物将自化。化而欲作，吾将镇之以无名之朴。无名之朴，夫亦将无欲，不欲以静，天下将自定。

下篇·德经

三十八章

上德不德，是以有德；下德不失德，是以无德。

上德无为而无以为，下德为之而有以为。上仁为之而无以为，上义为之而有以为，上礼为之而莫之应，则攘臂而扔之。

故失道而后德，失德而后仁，失仁而后义，失义而后礼。夫礼者，忠信之薄而乱之首。前识者，道之华而愚之始。是以大丈夫处其厚，不居其薄；处其实，不居其华。故去彼取此。

三十九章

昔之得一者：天得一以清，地得一以宁，神得一以灵，谷得一以盈，万物得一以生，侯王得一以为天下贞。

其致之，天无以清，将恐裂；地无以宁，将恐发；神无以灵，将恐歇；谷无以盈，将恐竭；万物无以生，将恐灭；侯王无以贵高，将恐蹶。

故贵以贱为本，高以下为基。是以侯王自谓孤、寡、不穀，此非以贱为本邪？非乎？故致数舆无舆。不欲琭琭如玉，珞珞如石。

四十章

反者，道之动。弱者，道之用。天下万物生于有，有生于无。

四十一章

上士闻道，勤而行之；中士闻道，若存若亡；下士闻道，大笑之，不笑，不足以为道。

故建言有之："明道若昧，进道若退，夷道若纇，上德若谷，大白若辱，广德若不足，建德若偷，质真若渝，大方无隅，大器晚成，大音希声，大象无形。"道隐无名，夫唯道，善贷且成。

四十二章

道生一，一生二，二生三，三生万物。万物负阴而抱阳，冲气以为和。

人之所恶，唯孤、寡、不穀，而王公以为称。故物，或损之而益，或益之而损。人之所教，我亦教之："强梁者不得其死。"吾将以为教父。

四十三章

天下之至柔，驰骋天下之至坚，无有入无间。吾是以知无为之有益。不言之教，无为之益，天下希及之。

四十四章

名与身孰亲？身与货孰多？得与亡孰病？是故甚爱必大费，多藏必厚亡。知足不辱，知止不殆，可以长久。

四十五章

大成若缺，其用不敝。大盈若冲，其用不穷。大直若屈，大巧若拙，大辩若讷。躁胜寒，静胜热，清静为天下正。

四十六章

天下有道，却走马以粪；天下无道，戎马生于郊。祸莫大于不知足，咎莫大于欲得。故知足之足，常足矣。

四十七章

不出户，知天下；不窥牖，见天道。其出弥远，其知弥少。是以圣人不行而知，不见而名，不为而成。

四十八章

为学日益，为道日损，损之又损，以至于无为。无为而无不为。取天下常以无事，及其有事，不足以取天下。

四十九章

圣人无常心，以百姓心为心。

善者，吾善之；不善者，吾亦善之，德善。信者，吾信之；不信者，吾亦信之，德信。

圣人在天下，歙歙为天下浑其心，百姓皆注其耳目，圣人皆孩之。

五十章

出生入死，生之徒十有三，死之徒十有三，人之生、动之死地亦十有三，夫何故？以其生生之厚。

盖闻善摄生者，陆行不遇兕虎，入军不被甲兵。兕无所投其角，虎无所措其爪，兵无所容其刃。夫何故？以其无死地。

五十一章

道生之，德畜之，物形之，势成之。

是以万物莫不尊道而贵德。道之尊，德之贵，夫莫之命而常自然。

故道生之，德畜之，长之育之，亭之毒之，养之覆之。生而不有，为而不恃，长而不宰，是谓玄德。

五十二章

天下有始，以为天下母。既得其母，以知其子。既知其子，复守其母，没身不殆。

塞其兑，闭其门，终身不勤。开其兑，济其事，终身不救。

见小曰明，守柔曰强。用其光，复归其明，无遗身殃，是为习常。

五十三章

使我介然有知，行于大道，唯施是畏。大道甚夷，而民好径。

朝甚除，田甚芜，仓甚虚。服文彩，带利剑，厌饮食，财货有余，是谓盗竽。非道也哉！

五十四章

善建者不拔，善抱者不脱，子孙以祭祀不辍。

修之于身，其德乃真；修之于家，其德乃余；修之于乡，其德乃长；修之于国，其德乃丰；修之于天下，其德乃普。

故以身观身，以家观家，以乡观乡，以国观国，以天下观天下。吾何以知天下然哉？以此。

丨五十五章丨

含德之厚，比于赤子。蜂虿虺蛇不螫，猛兽不据，攫鸟不搏。骨弱筋柔而握固。

未知牝牡之合而全作，精之至也。终日号而不嗄，和之至也。知和曰常，知常曰明，益生曰祥，心使气曰强。

物壮则老，谓之不道，不道早已。

丨五十六章丨

知者不言，言者不知。

塞其兑，闭其门；挫其锐，解其纷；和其光，同其尘。是谓玄同。

故不可得而亲，不可得而疏；不可得而利，不可得而害；不可得而贵，不可得而贱。故为天下贵。

丨五十七章丨

以正治国，以奇用兵，以无事取天下。吾何以知其然哉？以此：天下多忌讳，而民弥贫；民多利器，国家滋昏；人多伎巧，奇物滋起；法令滋彰，盗贼多有。

故圣人云："我无为，而民自化；我好静，而民自正；

我无事，而民自富；我无欲，而民自朴。”

五十八章

其政闷闷，其民淳淳；其政察察，其民缺缺。祸兮福之所倚，福兮祸之所伏。孰知其极？

其无正，正复为奇，善复为妖。人之迷，其日固久。是以圣人方而不割，廉而不刿，直而不肆，光而不耀。

五十九章

治人、事天莫若啬，夫唯啬，是谓早服。早服谓之重积德，重积德则无不克，无不克则莫知其极。莫知其极，可以有国。有国之母，可以长久。是谓深根固柢、长生久视之道。

六十章

治大国若烹小鲜。

以道莅天下，其鬼不神。非其鬼不神，其神不伤人。非其神不伤人，圣人亦不伤人。夫两不相伤，故德交归焉。

六十一章

大国者下流，天下之交；天下之牝，牝常以静胜牡，以静为下。

故大国以下小国，则取小国；小国以下大国，则取大国。故或下以取，或下而取。大国不过欲兼畜人，小国不过欲入事人。夫两者各得其所欲。大者宜为下。

|六十二章|

道者，万物之奥，善人之宝，不善人之所保。

美言可以市尊，美行可以加人。人之不善，何弃之有！

故立天子，置三公，虽有拱璧，以先驷马，不如坐进此道。古之所以贵此道者何？不曰以求得，有罪以免邪？故为天下贵。

|六十三章|

为无为，事无事，味无味，大小多少，报怨以德。

图难于其易，为大于其细。天下难事必作于易，天下大事必作于细。是以圣人终不为大，故能成其大。

夫轻诺必寡信，多易必多难。是以圣人犹难之，故终无难矣。

|六十四章|

其安易持，其未兆易谋，其脆易泮，其微易散。为之于未有，治之于未乱。

合抱之木，生于毫末；九层之台，起于累土；千里之行，始于足下。

为者败之，执者失之。是以圣人无为，故无败；无执，故无失。

民之从事，常于几成而败之。慎终如始，则无败事。

是以圣人欲不欲，不贵难得之货；学不学，复众人之所过。以辅万物之自然，而不敢为。

|六十五章|

古之善为道者，非以明民，将以愚之。民之难治，以其智多。故以智治国，国之贼；不以智治国，国之福。

知此两者亦稽式，常知稽式，是谓玄德。玄德深矣、远矣，与物反矣。然后乃至大顺。

|六十六章|

江海所以能为百谷王者，以其善下之，故能为百谷王。

是以欲上民，必以言下之；欲先民，必以身后之。是以圣人处上而民不重，处前而民不害。是以天下乐推而不厌。以其不争，故天下莫能与之争。

|六十七章|

天下皆谓我道大，似不肖。夫唯大，故似不肖。若肖，久矣其细也夫！

我有三宝，持而保之：一曰慈，二曰俭，三曰不敢为天下先。慈，故能勇；俭，故能广；不敢为天下先，故能成器长。

今舍慈且勇，舍俭且广，舍后且先，死矣。夫慈，以战则胜，以守则固。天将救之，以慈卫之。

|六十八章|

善为士者不武，善战者不怒，善胜敌者不与，善用人者为之下。是谓不争之德，是谓用人之力，是谓配天、古之极。

|六十九章|

用兵有言：“吾不敢为主而为客，不敢进寸而退尺。”是谓行无行，攘无臂，扔无敌，执无兵。

祸莫大于轻敌，轻敌几丧吾宝。故抗兵相加，哀者胜矣。

|七十章|

吾言甚易知，甚易行；天下莫能知，莫能行。

言有宗，事有君。夫唯无知，是以不我知。知我者希，则我者贵。是以圣人被褐怀玉。

七十一章

知不知，上；不知知，病。

夫唯病病，是以不病。圣人不病，以其病病，是以不病。

七十二章

民不畏威，则大威至：无狎其所居，无厌其所生。夫唯不厌，是以不厌。

是以圣人自知，不自见；自爱，不自贵。故去彼取此。

七十三章

勇于敢，则杀；勇于不敢，则活。此两者，或利或害。天之所恶，孰知其故？是以圣人犹难之。

天之道，不争而善胜，不言而善应，不召而自来，繟然而善谋。天网恢恢，疏而不失。

七十四章

民不畏死，奈何以死惧之？若使民常畏死，而为奇者，吾得执而杀之，孰敢？

常有司杀者杀。夫代司杀者杀，是谓代大匠斫。夫代大匠斫者，希有不伤其手矣。

|七十五章|

民之饥，以其上食税之多，是以饥；民之难治，以其上之有为，是以难治；民之轻死，以其上求生之厚，是以轻死。夫唯无以生为者，是贤于贵生。

|七十六章|

人之生也柔弱，其死也坚强。万物草木之生也柔脆，其死也枯槁。故坚强者死之徒，柔弱者生之徒。

是以兵强则灭，木强则折。强大处下，柔弱处上。

|七十七章|

天之道，其犹张弓与？高者抑之，下者举之；有余者损之，不足者补之。天之道，损有余而补不足，人之道则不然，损不足以奉有余。

孰能有余以奉天下？唯有道者。是以圣人为而不恃，功成而不处，其不欲见贤。

|七十八章|

天下莫柔弱于水，而攻坚强者莫之能胜，其无以易之。弱之胜强，柔之胜刚，天下莫不知，莫能行。

是以圣人云："受国之垢，是谓社稷主；受国不祥，是为天下王。"正言若反。

|七十九章|

和大怨，必有余怨，安可以为善？是以圣人执左契，而不责于人。有德司契，无德司彻。

天道无亲，常与善人。

|八十章|

小国寡民。使有什伯之器而不用，使民重死而不远徙。虽有舟舆，无所乘之；虽有甲兵，无所陈之；使人复结绳而用之。

甘其食，美其服，安其居，乐其俗。邻国相望，鸡犬之声相闻，民至老死，不相往来。

|八十一章|

信言不美，美言不信；善者不辩，辩者不善；知者不博，博者不知。

圣人不积，既以为人，己愈有；既以与人，己愈多。天之道，利而不害；圣人之道，为而不争。

冯唐

诗人、作家、战略管理专家

1971 年生于北京

1998 年，获中国协和医科大学临床医学博士学位

2000 年，获美国埃默里大学 MBA 学位

2000—2008 年，任麦肯锡公司全球董事合伙人

2009—2014 年，先后任华润集团战略管理部总经理、华润医疗集团创始 CEO

2015—2021 年，任中信资本高级董事总经理

现为成事不二堂创始人、董事长

已出版作品

长篇小说

《欢喜》《十八岁给我一个姑娘》《万物生长》《北京，北京》《女神一号》

短篇小说集

《安阳》《搜神记》

散文集

《活着活着就老了》《三十六大》《在宇宙间不易被风吹散》《春风十里不如你》

成事系列随笔

《无所畏》《有本事》《了不起》《稳赢》

诗集

《冯唐诗百首》《见一面吧》

管理作品

《冯唐成事心法》《成事》《金线》《正道》